Hubert Treml

Hawadehre!
Oberpfälzisch in 30 x 2 Minuten

Ein vergnüglicher Sprachkurs

Illustriert von Toni Kobler

Verlag **Stangl** & Taubald

Widmung

fia d' Tante Kathl und 'n Onkel Luk,
fia d' Döidaschdaaffa
und
fia d' Wassaweakara aa

© Verlag **Stangl** & Taubald, Wörthstr. 14, 92637 Weiden
3. Auflage 2010
Layout und Titelgestaltung Martin Stangl
www.buch-stangl.de
Alle Rechte beim Verlag

ISBN 978-3-924783-46-4

Die MitarbeiterInnen dieses Sprachkurses, die in loser Reihenfolge durch die Kapitel führen:

Mundartfreizeitforscher
Alois Nei-Gscheit

Der viel wissende Dialektkenner, den es freut, dass sich endlich jemand für die Ergebnisse seiner langjährigen Forschungen interessiert.

Kommunikationswissenschaftlerin
Inge Spräch

Die kluge Gesprächsanalytikerin, zu deren engstem Bekanntenkreis A, B und C gehören.

Klang- und Gesangslehrer
Christopherus Xangl

Der feurige Musikschullehrer, dessen „Archiv weitgehend unbekannter Lieder aus der Oberpfalz" bald zum „Archiv der beliebtesten Lieder aus der Oberpfalz" werden könnte.

**Hobby-Heimatpfleger
Heimerich Hirschauer**
Der pensionierte Studienrat, der sich besonders der Heimat, dem Heimatfreund und dem heimatlichen Mundartpraktiker seiner Oberpfälzer Heimat verbunden fühlt.

**Sprachcoach
Mampfred Dampfplauderer**
Der gut gelaunte Motivator, dem es immer wieder leicht gelingt, die Lernenden mit großem didaktischen Geschick bei Laune zu halten.

**Freier Dozent
Dr. phil. Kol Lins**
Der nüchterne Germanist, der sich tapfer den Schwierigkeiten des Oberpfälzischen stellt.

Kulturkritikerin
Waltraud von der Augenweide
Die gut aussehende Hübsche, die mit interessierter Vorliebe den emotionalen Gefühlen von lyrischen Gedichten nachspürt.

Mundartpraktiker
Hubert Treml
Der weitsichtige, ziemlich kurzsichtige, aber umsichtige Autor, dessen hilfreiche Übungen den Lernerfolg dieses Sprachkurses geradezu garantieren.

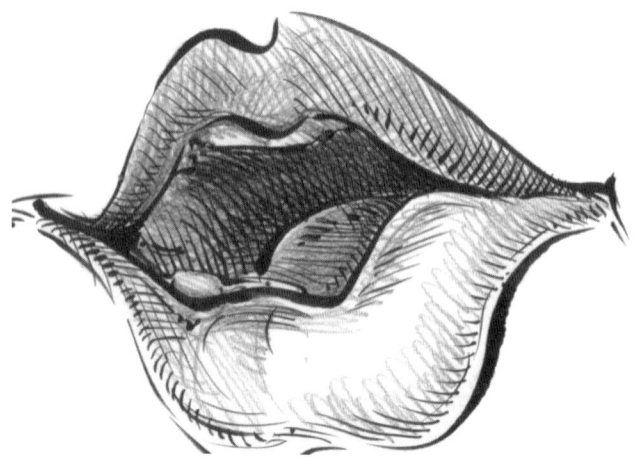

Vorwort

Um die Oberpfälzer zu beschreiben, wird gerne folgender Witz zum Besten gegeben:

Ein Oberpfälzer Elternpaar bekommt ein Kind. Das Kind wächst und gedeiht – nur: es spricht nicht. Daheim nicht, später im Kindergarten nicht, und als es in die Schule kommt immer noch nicht. Natürlich haben die Eltern das Kind all die Jahre über durch sämtliche medizinische Untersuchungen gejagt. Aber man konnte nichts Auffälliges feststellen. Stimmbänder vorhanden, Gehirnfunktionen in Ordnung!
Als das Kind bereits in der zweiten Klasse ist, kommt es an einem normalen Schultag zum Mittagessen nach Hause, setzt sich an den Tisch und will die Suppe essen. Nach dem ersten Löffel aber hören die Eltern es plötzlich sagen: „Döi Suppn ist z' hoaß!" (Die Suppe ist zu heiß!). Trotz des Überraschungsschocks und des unendlichen Freudenmoments, dass das Kind endlich etwas sagt, fasst sich

die Mutter recht schnell und fragt: „Kind, du kannst ja reen (reden)! Warum houst (hast) Du denn döi ganze Zeit iwa nix gsagt (die ganze Zeit über nichts gesagt)!?!!?" Darauf das Kind: „Bisher hout (hat) ja alles passt!"

Sollte es tatsächlich zutreffen, dass der Oberpfälzer eher redefaul ist und sich in der Kommunikation auf das Nötigste beschränkt, dann sind das natürlich die besten Voraussetzungen, um als Nicht-Oberpfälzer das Oberpfälzische zu erlernen...

Hawadehre!

Wie man sich begrüßt

Mundartfreizeitforscher Alois Nei-Gscheit:

„Nach langjährigen Forschungsar-beiten, für die ich jede freie Minute geopfert habe, ist mir bezüglich Be-grüßungssituationen folgender wichtiger Zusammenhang deutlich geworden: Wenn man jemanden begrüßen will, dann gilt es oft die jeweilige Situation zu beachten - und das Gegenüber. Telefonieren Sie beispielsweise mit einem Engländer, dann empfiehlt es sich zu Beginn des Telefonats ein ‚Hällou' zu setzen. Gehen Sie abends noch in die Pizzeria, dann kommt natür-lich ein ‚Bona Sära' sehr gut an. Welchen Gruß man wählt, hängt also oft ganz entscheidend davon ab, wem man wie wo begegnet. Dies gilt natürlich auch für das Oberpfälzische. Ist doch klar, gell!"

Hier eine Auswahl der in der Oberpfalz gebräuch-
lichsten Begrüßungsworte für unterschiedliche Si-
tuationen:

- Sofern man zu spät zur Arbeit kommt, es
  aber noch vor der Mittagspause schafft ein-
  zutrudeln, bringt man dem Chef fröhlich lä-
  chelnd diesen zeitbeschönigenden Gruß
  entgegen: *„(Gu)moing!"*
- Begegnen katholische Oberpfälzer einem
  Geistlichen, einer Ordensfrau oder einem
  türkisch-stämmigen Mitbürger, dann bringen sie gerne diesen im Verschwinden be-
  griffenen, aber dafür bereits Jahrhunderte
  währenden Gruß an: *„Gri(a)ß (Gröiß) Gott!"*
- Bekannte, die sonst nicht so recht wissen,
  was sie miteinander reden sollen, haben einen Spezialgruß (mit dem sie aber bereits
  zu Beginn der Unterhaltung ihr Pulver ver-
  schießen): *„Meiwoukummstndubeidem-
  sauweedadaher?!"*
- Nach 1956 geborene Freunde zeigen mit
  folgendem kurzen Grußwort, dass die Welt

noch in Ordnung und man selber ganz un-
belastet ist: *„Hei!"*

- Leger wirken wollende Beamte oder auch
Jugendliche, die gerne althergebrachte Be-
grüßungsformeln persiflieren, grüßen mit:
„Hawadehre!"

- Viele evangelische Jogger hören gerne ein:
„Hallo!"

- Im städtischen Milieu beim Bäcker sagt man
in der ‚auf alle Backwaren 50%'-Zeit (also
kurz vor Geschäftsschluss am frühen
Abend): *„(Gu)namd!"*

- Wer mit der Grußformel auch gleich eine
Abschiedsformel erlernen will, nimmt für
eher jovialere Kommunikationssituationen
zu Beginn und am Ende das Selbstbewusst-
sein vorgaukelnde *„Servus!"*

- Ist man bekannt aus Fernsehen, Zeitung
oder Gerichtsverhandlungen, genügt es,
wenn man im Vorbeigehen ohne Worte
„gnaambt".

▶ Tremls tolles Training:

1. Sie begegnen einem Jogger. Was sagen Sie?

Antwort:

2. Welchen Gruß erwidern manche mit „Schöi waar 's!" (Schön wäre es!)?

Antwort:

Lösungen: 1. Sind Sie evangelisch? Ja? Dann: Hallo!
2. Hei!

▶ Wesentlicher Wortschatz:

- gnaambt = ein klein wenig mit dem Kopf nicken
- (Gu)namd/noumd = Guten Abend
- Gri(a)ß (Gröiß) Gott = Grüß Gott
- Gumoing = Guten Morgen
- Hawadehre = Habe die Ehre! (österr. Schwarz-Weiß-Filmen entlehnt)
- Hei = hi (dem Englischen entlehnt)
- Meiwoukummstndubeidemsauweeda-daher = Ja, hallo! Sag mal, wo kommst denn Du bei diesen grässlichen klimatischen Bedingungen her?
- Servus = Hallo/Tschüss (aus dem Lateinischen ‚servus' für ‚Knecht' entlehnt)

Wie man fragt und wie man antwortet

Kommunikationswissenschaftlerin Inge Spräch:

„Nun fragen wir uns: Was folgt der Begrüßung? Antwort: Natürlich die Frage aller Fragen. Und dieser Frage aller Fragen folgt natürlich dann die Antwort aller Antworten.

Es gibt auf die Frage aller Fragen ‚Wöi göiht 's?' eigentlich nur eine Antwortmöglichkeit - zumindest in der nördlichen Oberpfalz. Im folgenden Dialog also zunächst die von A gestellte Frage aller Fragen. Dann die von B gesprochene Antwort aller Antworten."

Ein Oberpfälzer Begrüßungs-Dialog wie aus dem Bilderbuch:

A: „Und, wöi göiht 's?"

B: „Es wird aas!"[1]

▶ Tremls tolles Training:

1. Wie würden Sie antworten, wenn Ihnen jemand nach der Begrüßung die Frage stellt: „Und, wöi göiht 's?"

Antwort:

2. Eine freiwillige Übung für Draufgänger! Bei dieser Übung erhöhen wir den Schwierigkeitsgrad enorm und lassen fragen: „Und, wöi göiht 's dan?"

Antwort:

Lösung: 1. Es wird aas.

2. Es wird aas.

▶ Wesentlicher Wortschatz:

- dan = dir denn (aus ‚da' für ‚dir' und ‚denn' für ‚denn')
- göiht 's = geht es
- basst scho = passt schon
- wöi = wie

---

[1] In der südlichen Oberpfalz antwortet man öfter mit „Basst scho!"

14

Döi Köih

So klingt die Oberpfalz (Teil 1)

Klang- und Gesangslehrer Christopherus Xangl:

„Die nordoberpfälzischen Worte mit dem lieblichen ,öi'-Klang[2] lernen sich recht leicht, wenn man viel bayerischen Komödienstadel schaut oder geschaut hat. Worte, die man vom Komödienstadel her mit dem eher südbayrischen ,ia'-Klang kennengelernt hat, werden im Oberpfälzischen mit dem seelentiefen ,öi' gesprochen. Beispiele: Fiaß = Föiß (Füße), siaß = söiß (süß), Liab = Löib (Liebe). Leider gilt das nicht immer und überall. Es gibt da gewissermaßen ganz viele Ausnahmen. Diese lassen sich aber zu einem (wenn auch wiederum geringen) Teil anhand des folgenden Textes darstellen.“

---

[2] Man könnte zwischen ,öi'- und ,äi'-Lauten genauer differenzieren. Aber für den Einstieg verwenden wir der Einfachheit halber immer ,öi' für beide Varianten.

DÖI KÖIH

Döi Köih
san recht schöi
doch, höi:
Wos machn döi
'n ganzn Dooch?
Sooch,
lieng denn döi bloß
allawaal so faal im Gros?
Mei Knöi
döin ma wöih
vom Göih
und Ummastöih!
A Kouh gibt Mülch
grod sovül wöi s' wül — „faal"
und legt si dann entspannt in d' Wies!
Oins,
oins is gwiiß:
dass dees total — „narrisch"
ungerecht is!

▶ Tremls tolles Training:

1. Übertragen Sie (auf gut Glück!) diese komödienstadelbairischen ‚ia'-Begriffe ins Oberpfälzische:

a) Biachl (kl. Buch)

b) Briaf (Brief)

c) schiach (häßlich)

d) mia (wir)

2. Nun umgekehrt: Kreuzen Sie die komödienstadelbairische Entsprechung zu ‚schöi' an:

a) schön

b) schia

c) schee

Lösung: 1.a) Böichl, b) Bröif, c) schöich, d) mia
   (‚möih' würde ‚Mühe' bedeuten)
   2.c) (Wie gesagt: es gibt Ausnahmen...)

▶ Wesentlicher Wortschatz:

- Böichl = Büchlein
- Bröif = Brief
- döi = die(se) (komödienstadelbairisch: de)
- döin = tun (im Komödienstadelbairisch leider außer der Reihe ‚dean')
- göih = gehen (komödienstadelbairisch: ‚geh')

- höi = aus dem Englischen entlehntes ‚hey‘ (komödienstadelbairisch: öha!)
- Knöi = Knie (juhuu: ‚Knia‘ im Komödienstadelbairisch)
- Köih = Kühe (tatsächlich ‚Kiah‘ im Komödienstadelbairisch)
- mia = wir
- schöi = schön (komödienstadelbairisch aber außer der Reihe: schee)
- schöich = hässlich
- ummastöih = herumstehen (möglicherweise ‚dastehn‘ im Komödienstadelbairisch)
- wöih = weh

Personenfürwörter leicht gemacht

Freier Dozent Dr. phil. Kol Lins:

(bitte recht langsam lesen. Herr Lins kann nicht schneller!)

„Was soll ich sagen: Ähm, die Personenfürwörter sind an sich recht leicht zu erlernen. Meist klingen sie, ähm, wie in der hochdeutschen Form. Nur bei ‚wir' und ‚ihr' gibt es Ausnahmen. Hm, und dann nochmal eine Ausnahme von der Ausnahme bei ‚wir'.

Klingt komplizierter als es, ähm, tatsächlich ist. Ja...
Ah, ja: Eine kleine, nette Anekdote kann uns, äh, das verdeutlichen. Genau."

Nach wochenlangen Proben und Auswendig-
lernereien vergisst der kleine Max dann bei der
Aufführung des Krippenspiels in einem Amberger
Pfarrheim doch seinen Text. Nun improvisiert er als
Engel Gottes munter drauf los:

„Josef, iich giib enk öitzt amal an goudn Tipp: Du,
er, also da Kloi, und sie, also d' Maria halt, enk solltats eich schleinigst davo machn. Mia im Himml
hom nämlich aastscheckt, dass dirts, ich moin enk

halt, vafolgt weats. Da Herodes hout sei wülde Hard lousgschickt. Döi solln eich alle daschloong! Also zumindest die kloin Bangarder."

Alle Mitwirkenden sind perplex, weil ihnen dieser Text total fremd ist. Deshalb setzt Max nach:

„Wos schaustn öitzt so deppert, Josef!? Schwing di und nimm die Dein miid! Homma uns vastandn?!"

Dr. phil. Kol Lins:
„Man sieht: Typisch bairisch heißt ‚wir' im Oberpfälzischen auch ‚mia'. Untypisch ist aber das ‚dirts' für ‚ihr', das in gewissen Oberpfälzer Gegenden auch mal als ‚enk' daherkommt. Ähm, hm, und folgt das ‚mia' einem Verb, dann verschmilzt es oft als zu ‚ma' reduziertes ‚mia' mit dem Verb (siehe ‚homma', das eigentlich ‚hom mia' wäre)."

▶ Tremls tolles Training:
1. Ergänzen Sie:
a) „Geht Ihr ins Wirtshaus?"
„Göihts................ ins Wirtshaus?"
b) „Nein, wir gehen nur was trinken!" –

„Naa, ... genga nea wos trinkn!"

2. Verknüpfen Sie nach dem Beispiel ‚pfeifen wir? – pfeif ma' entsprechend:

a) tanzen wir? - b) singen wir?

Antwort:

Lösungen: 1.a) dirts, b) mia
2.a) tanz ma, b) sing ma

▶ Wesentlicher Wortschatz:

- aastscheckt = in Erfahrung gebracht
- Bangard = Kleinkind
- dirts = ihr
- enk = euch / ihr
- giib = gebe
- Haard = Herde
- homma = haben wir
- iich = ich
- mia = wir
- miid = mit

Das Besondere an Frauen(nachnamen)

Hobby-Heimatpfleger Heimerich Hirschauer:

„Lieber Heimatfreund und Mundartpraktiker, viele wissen, dass man im Russischen den Nachnamen der Ehefrau immer in weiblicher Form spricht. Also: Die Frau von Michail Gorbatschow wird nicht einfach Raissa Gorbatschow genannt, sondern Raissa Gorbatschowa. In etlichen Regionen unserer oberpfälzischen Heimat gibt es dazu eine Entsprechung. Aber hierbei wird nicht ein ‚a‘, sondern ein ‚-i‘ gesetzt. Wohl in Anlehnung an die weiblichen Wortbildungen mit ‚-in‘ am Schluss (Freundin, Schülerin, Polizistin, und seit der Frauenbewegung auch z. B. Putzfrauin, etc.).

Daraus folgen folglich folgende Beispiele ..."

die Frau Balk = d' Balki (d' Balke[3])
die Frau Scheibl = d' Scheibli (d' Scheible)
die Frau Huber = d' Huberi (d' Hubere)
die Frau Stiegler = d' Stiegleri (d' Stieglere)

▶ Tremls tolles Training:
1. Veroberpfälzischen Sie:
a) Frau Beck - b) Frau Klum - c) Frau Werner

2. Entoberfälzischen Sie:
a) d' Matterstocki - b) d' Pauli - c) d' Wein-Kelleri

Lösungen: 1.a) d' Becki, b) d' Klumi, c) d' Werneri
2.a) die Frau Matterstock, b) die Frau
Paul, c) die Frau Wein-Keller

▶ Wesentlicher Wortschatz
• d' ... = die (Frau)

---

[3] In vielen Gegenden ist das ‚i' schon zum ‚e' abgeflacht. Und dann gibt es
noch Gegenden in denen der Auslaut als ‚e' gesprochen, aber akustisch als ‚i'
verstanden wird...

Ein simples Lernschema

Sprachcoach Mampfred Dampfplauderer:

„Mit dem neu entwickelten und wirklich einfach anzuwendenden nix – st – t – wöighabt – ts – wöighabt – Schema® werden Sie ganz schnell unglaublich sicher im Umgang mit oberpfälzischen Verben. Ich habe für Sie ein paar der wichtigsten Verben ausgesucht, die wir nun in den unterschiedlichen Personen konjugieren werden. Und so einfach geht es: Sie brauchen 1. die Grundform (Infinitiv) und 2. den Wortstamm des jeweiligen Verbums. Dann ist die praktische Anwendung der Verben wirklich sehr, sehr leicht. Denn mit dem sensationell unkomplizierten nix – st – t – wöighabt – ts – wöi-ghabt – Schema® wird Ihnen das Erlernen so mühelos wie möglich gemacht."

Bereits im folgenden Liedtext[4] können Sie das revolutionäre nix-st-t-wöighabt-ts-wöighabt-Schema® leicht erkennen. Das Lied ‚Alle zamm bleima daham' kreist um das in vielen Gegenden sehr häufig verwendete Verb ‚(daham) bleim'.

ALLE ZAMM BLEIMA DAHAM	
lich bleib daham	zum Wortstamm ‚bleib' **nix** anfügen
du bleibst daham	zum Wortstamm ‚bleib' **st** anfügen
er bleibt daham	zum Wortstamm ‚bleib' **t** anfügen
und aa sie bleibt daham	
mia bleim daham	bleim - wie gehabt (wöi ghabt)
dirts bleibts daham	zum Wortstamm ‚bleib' **ts** anfügen
döi bleim daham	bleim - wie gehabt (wöi ghabt)
alle zamm bleima daham	

Sprachcoach Mampfred Dampfplauderer:
„So einfach funktioniert das nix-st-t-wöighabt-ts-wöighabt-Schema®![5] *Und weil das nicht genug ist:*

---

[4] Auf dieses Lied hat dankenswerterweise Christopherus Xangl aufmerksam gemacht.

[5] Für alle, die es jetzt nicht gleich auf 's erste Mal verstanden haben: Der Wortstamm von ‚bleim' ist ‚bleib'. Das nix-st-t-wöighabt-ts-wöighabt-Schema® besagt nun nichts anderes, als dass Sie in der 1. Person singular (also bei der Aussage mit ‚ich') an das ‚bleib' nix anhängen, in der 2. Person st und in der 3. Person ein t. In der 1. und 3. Person Plural (also bei der Aussage

Sie erarbeiten sich in dieser Lektion nicht nur das unvergleichlich originelle nix-st-t-wöighabt-ts-wöighabt-Schema®, sondern mit dem jeweiligen Wortstamm des Tunworts auch gleichzeitig seinen Imperativ, der eben mit dem angeführten Wortstamm identisch ist. Ist das nicht phantastisch!?! In unserem Beispiel: ‚Bleib' ist der Wortstamm und auch der Imperativ des Verbs. Den benutzt man gerne für: ‚Bleib dou du Depp!' oder ähnliches ..."

▶ Tremls tolles Training:
Nun dürfen Sie dieses wirklich einmalige nix-st-t-wöighabt-ts-wöighabt-Schema® gleich selber anwenden.
1. Versuchen Sie es doch einfach mal mit dem schönen Verb ‚leem' (hochdeutsch: leben). Der für ‚leem' zu merkende Wortstamm lautet ‚leb'. Also:

Iich .... (genau, ‚leb' mit **nix** dazu!)
Du .... (ja, ‚leb' mit **st** angehängt)
er .... (richtig, ‚leb' mit **t** ergänzt)

---

mit ‚mia' und ‚döi'...) nimmt man einfach die Verlaufsform wie gehabt (*wöi ghabt* also in diesem Fall *bleim*). So ist dann nur noch in der 2. Person Plural das ts als Anhängsel zu merken.

mia .... (jawohl, hier einfach **wöi ghabt** die bereits gelernte Verlaufsform)

dirts .... (sehr gut! Noch einmal das ‚leb', diesmal mit **ts**)[6]

döi .... (ganz hervorragend! **Wöi ghabt** und erlernt: die Verlaufsform)

2. Probieren Sie es auch für die wirklich banalen Formen von ‚souchn' (suchen), ‚roufn' (rufen), ‚schloufn' (schlafen). Deren Wortstämme lauten irre einfach: ‚souch', ‚rouf', ‚schlouf'.

Ich souch / rouf / schlouf

Du	.... /	.... /	....
Er	.... /	.... /	....
Mia	.... /	.... /	....
Dirts	.... /	.... /	....
döi	.... /	.... /	....

3. Und weil 's schon so wunderbar läuft, probieren Sie es auch für ‚kaaffn' (kaufen), ‚oawan' (arbeiten) und ‚kumma' (kommen), die ähnlich leichte Wortstämme aufweisen: ‚kaaff', ‚oawa' und ‚kumm'.

---

[6] In manchen Regionen der Oberpfalz wird das ‚lebts' zu ‚läbts'.

Lösungen: 1. leb, lebst, lebt, leem, lebts, leem

2. souchst/roufst/schloufst,
   soucht/rouft/schlouft,
   souchn/roufn/schloufn,
   souchts/roufts/schloufts,
   souchn/roufn/schloufn *Kfan, osvaue Kumã*

3. kaaff/oawa/kumm,
   kaaffst/oawast/kummst,
   kaafft/oawat/kummt,
   kaaffn/oawan/kumma,
   kaaffts/oawats/kummts,
   kaaffn/oawan/kumma

▶ **Wesentlicher Wortschatz:**
- bleim = bleiben
- daham = daheim / zu Hause
- wöi ghabt = wie gehabt *? n wöi g'hakt °*

,bitte' lässt sich einsparen

Kommunikationswissenschaftlerin Inge Spräch:

„Sie lernen nun, dass man in der Anwendung und Entschlüsselung des Oberpfälzischen das höfliche Wörtchen ,bitte' oft einfach mitdenken muss. Denn es findet nicht immer unbedingt explizite Erwähnung. Wieder begegnen uns gleich die bekannten und von mir so geschätzten Dialogpartner A und B.

Vorher noch ein Hinweis: Sollten Sie sich trotz allem beim Erlernen des Oberpfälzischen zwischenzeitlich etwas verkrampft haben, dann möchte die folgende Lektion Sie wieder etwas entspannen lassen. Denn hier erfahren Sie, dass sich auch die Oberpfälzer untereinander nicht immer aufs erste Wort hin verstehen. Das ist doch beruhigend, oder?!"

Ein überlieferter Dialog zweier Oberpfälzer, die scheinbar gerade basteln oder so:

A: „Du, giib ma amal d' Schaa."
B: „Haa!?"
A: „Giib ma amal d' Schaa!"
B: „Wos wüllst?"
A: „Die Schere!!"
B: „Ach, d' Schaa. Dou."

▶ Tremls tolles Training:
1. Sie stehen in einer Metzgerei in Schwandorf und möchten 17 Paar Debreziner kaufen. Welches der nachfolgenden Worte lassen Sie weg:
   „Iich höid bitte gern 17 Poa Debreziner!"
Antwort:
2. Zu Tisch werden Sie von jemandem gebeten, ihm den Salzstreuer zu reichen. Sie reichen ihn mit der Bemerkung:
a) hier, bitte - b) dou - c) dou, bitte
Lösung: 1. bitte
        2.b)

▶ Wesentlicher Wortschatz:

- … = bitte (das spart sich der Oberpfälzer meistens)
- amal = einmal
- dou = Hier, bitte!
- Haa!? = Wie bitte? (Wichtig: das „Haa!?" braucht eine leicht aggressive Note. Deshalb auch das Ausrufezeichen.)
- ma = mir (alternativ zu ‚mia')
- Schaa = Schere
- Wos wüllst? = Was ist dein Wunsch? / Was willst du?

Mama-Draama

a ist nicht gleich a

Klang- und Gesangslehrer Christopherus Xangl:

„Die Oberpfalz klingt, liebe Mundartfreunde. Besondere Aufmerksamkeit bekommen in diesem Kapitel die a-Laute. Denn diese klingen im Oberpfälzischen höchst unterschiedlich. Ja, die stimmlichen Möglichkeiten des Menschen werden im Oberpfälzischen weit mehr genutzt als im Hochdeutschen! Das lässt sich dann auch mit dem Lied ‚Mama-Draama' gut zeigen. Da tanzt der Stimmapparat jedes Interpreten!

Keine Angst! Zur Erleichterung des weiteren Einstiegs in die oberpfälzischen Sprachklangwelten unterscheiden wir in diesem Kapitel nur sechs verschiedene a-Laute..."

Verschiedene a-Laute im Oberpfälzischen[7]:

- Ein eher dunkles a, das recht weit hinten und recht weit unten im Mundraum hergestellt wird. Im Übungstext als <u>a</u> notiert.

- Das längere dunkle a, das ebenso von hinten und recht weit unten herkommt, dabei etwas länger gehalten wird. Notiert als <u>aa</u>.

- Ein eher helleres a, das zwar auch relativ hinten, aber etwas höher im Mundraum phonetisiert wird. Geschrieben als (normales) a.

- Das längere hellere a, das wie das hellere a hinten und höher, aber wiederum etwas länger gehalten zum erklingen kommen soll. Angedeutet mit einem aa.

- Ein dunkles a mit fast knacksendem Laut (das oft für die hochdeutsche Endung -er steht). Hier als â wiedergegeben.

- Ein in Richtung o kippendes a, das in der Mitte des Mundraums seinen Entstehungsort findet. Behelfsmäßig als å angegeben.

---

[7] Nicht verheimlicht werden darf, dass die a-Aussprachen natürlich gewissermaßen von Dorf zu Dorf variieren. Die Aussprachenschreibung im Text ist also nur eine Variante von tausend möglichen. Das macht's auch wiederum leichter: Jeder macht 's, wie er will - oder kann... In den anderen Texten dieses Buches wird deshalb auf diese Differenzierung verzichtet.

MAMA-DRAAMA

D' Mamâ göiht in d' Schwammâ
und dâ Papâ mou aaframmâ
Mip 'm Hammâ aas dâ Kammâ
haut er si glei aaf 'm[8] Damâ

'n Papâ is zum Zammâklappm
und er kippt fast aas die Dappm
und du heast nân nou Luft schnappm
und in d' Mausfalln einidappm

D' Mamâ heat vå drass dees Draama
denn dâ Papâ dout laut jammân
„Mit sua ân Maa mou mâ si schammâ!"
denkt s' beim Pflastâ assâkraamâ

Dâ Papâ dout si 's affi pappm
Aa aaf d' Schlappm und aaf d' Kappm!
Und als Vuaglscheichattrappm

---

[8] Der Oberpfälzer tauscht im Eifer des Gefechts gern die Fälle aus: ‚auf den Daumen' wird zu ‚auf dem Daumen' oder (was gleich kommt) ‚n Papa' ist eigentlich ‚dem Papa'. ‚Aus den Hausschuhen' wird zu ‚aus die Hausschuhe' (‚aas die Dappm').

plappât er: iich brauch ân Happm!

Drum macht d' Mamâ 'n Papâ Tapas
Dâzou Schwammâln und ân Grappa
Und 'n Rest im Rama-Kiiwerl,
den stöllt d' Mamâ dann ins Stiiwerl!

▶ Tremls tolles Training:
1. Sprechen Sie den Liedtext laut nach!
2. Sprechen Sie den Liedtext laut und richtig nach!
3. Differenzieren Sie die a-Laute in diesem Satz:

„Houst amal agfangt, kannst goua nimma aafhöian!"

Lösung: 3. Houst âmal agfangt, kannst goua nimmâ
aafhöian

▶ Wesentlicher Wortschatz:
- aaf = auf
- aaframma = aufräumen
- aafhöian = aufhören
- affi/affe = hinauf, drauf
- agfangt = angefangen
- Dappm = Hausschuhe
- goua = gar

- in d' Schwamma göih = Pilze suchen gehen
- Kiiwerl = kleiner Eimer
- 'm = dem
- Ma = (Ehe-)Mann *Moa"*
- mip 'm = mit dem
- pappm = kleben
- Stiiwerl = Stübchen (das als Speisekammer genutzt wird)
- sua = so
- va/vo = von

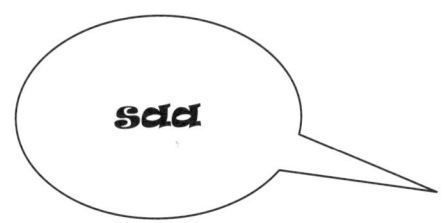

Kurze und knappe Seins-Philosophie

Freier Dozent Dr. phil. Kol Lins:

„Was, ähm, soll ich sagen: das, ähm, scheinbar so geniale nix-st-t-wöighabt-ts-wöighabt-Schema® meines Kollegen Dampfplauderer (siehe Kapitel 6) scheitert am Sein. Nein, am sein - kleingeschrieben. Denn ‚saa' (sein) ist wirklich sehr unregelmäßig - wie es aber das Sein (im philosophischen Sinne) vielleicht auch ist. Deshalb, ähm, möchte ich hier auch den gängigsten philosophischen (Aus-)Spruch der Oberpfälzer anführen: ‚Saa dout 's wos![9] *Entschuldigen Sie, aber spüren Sie diese Tiefe!?! Genau."*

---

[9] Auch als „Saa dout 's da wos!" in Gebrauch. (‚da' = dir)

Die Konjugation von ‚saa' mit einer weiteren philosophischen Grundwahrheit der Oberpfälzer:

iich bin a Sauhund
du bist a Sauhund
er is a Sauhund
mia san Sauhund
dirts sats Sauhund
döi san Sauhund

▶ Tremls tolles Training:

1. Wie heißt die 3. Person Singular zum bekannten Ausspruch „Mia san Papst!"

Antwort:

2. Meditieren Sie über die Seinsphilosophie der Oberpfalz „Saa dout 's wos!"

Lösungen: 1. Er is Papst (Genau! Das stimmt nämlich auch!)

2. Spüren Sie schon, wie sich bei Ihnen alle Verspannungen lösen?

▶ Wesentlicher Wortschatz:
- dout 's = tut es
- saa = sein
- saa dout 's wos = (etwa:) es ist nicht leicht / sowas aber auch
- sats = seid
- Sauhund = Schweinehund (ein imaginäres Wesen, das bei manchen Oberpfälzern nicht nur in ihrem Inneren haust, sondern ihre Person als solche ausmacht. Also wieder ein Stück Seins-Philosophie...)
- wos = was, etwas

Karg und pointiert zu Tisch

Kommunikationswissenschaftlerin Inge Spräch:

"Wie es auch sonst in vornehmen Kreisen üblich ist, muss man auch in der Oberpfalz während der Mahlzeit nicht viele Worte wechseln. Welche konzentrierte Äußerungen dabei vollkommen ausreichend scheinen, kann das nachfolgende Gesprächsprotokoll verdeutlichen. Diese Mitschrift einer üblichen Mittagspause befreundeter Kollegen in der Firmenkantine erstreckt sich über die Gänge 'Pfannkuchensuppe', 'Borschtsch mit Salatteller' und 'Caramelpudding'. Zu unseren nun ja gemeinhin Bekannten A und B gesellt sich dabei auch C hinzu."

Typisches Mittagspausengespräch:

A: „Mahlzeit!"
B: „Mahlzeit!"
C: „An Goudn!"
Lange Phase des Schweigens.
A: „Mei, sua a Suppm weckt an Doudn aaf!"
B: „Ja!"
C: „Hm."
Lange Phase des Schweigens.
A: „Goud, oder?!"
B: „Ja, goua niat mal sua schleat!"
C: „Da Hunger treibt 's oin ei."
Lange Phase des Schweigens.
A: „Sodala. Dann waar gessn aa scho wieder!"
B: „Genau. Gessn waar öitzt aa scho wieder!"
C stößt auf.

▶ Tremls tolles Training:

1. Verinnerlichen Sie den Ausdruck des Behagens über eine heiße, schmackhafte Suppe:

„Mei, sua a Suppm .... !"

2. Vorsicht: Sie müssen gelegentlich mit scherzhaf-ten Antworten rechnen, wenn Sie nach dem aktuel-

len Speiseplan fragen. Zu welcher schalkhaften Erwiderung könnte der Oberpfälzer imstande sein, wenn Sie ihm die Frage stellen „Was gibt es heute?" (Wos git 's heit?):

a) Schniwaritzla und bachne Heiloitern
b) grüllte Ameisnoaschala mit Roozbowlsoss
c) eigweckte Köllastaffl
d) nix und a Stickl Brout dazou

Lösungen: 1. weckt an Doudn aaf
2. a), b), c) und d) möglich

▶ Wesentlicher Wortschatz:
- Ameisnoaschala = Ameisenärschchen
- an Doudn = einen Toten
- an Goudn = Guten Appetit
- bachne = gebackene
- Brout = Brot
- eigweckte = eingeweckte
- grüllte = gegrillte
- Heiloitern = Heuleiter
- Köllastaffl = Kellertreppe
- Roozbowlsoss = Rotzpopelsoße
- Schniwaritzla = (Phantasiewort)
- sodala = so / nun also / also nun

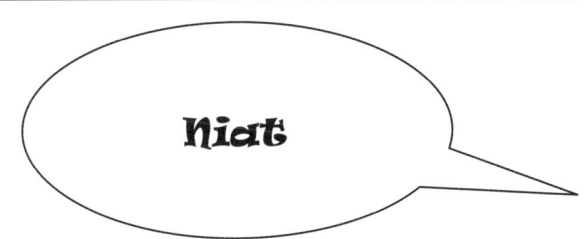

Niat

Ein Häuflein Verneinungen

Mundartfreizeitforscher Alois Nei-Gscheit:

„Ja also, was Sie nun lernen, das ist nun wirklich ganz wichtig. Denn, ja, der Oberpfälzer, das habe ich in meinen langjährigen Studien (für die ich meine ganze Freizeit geopfert habe) immer wieder herausgefunden, also der gemeine Oberpfälzer tendiert ja gerne zum Verneinen. Ja, und da gibt es bekanntlich viele Möglichkeiten. Von den vielen habe ich Ihnen ein paar wirklich bedeutende zusammengestellt. Und, ja, Sie sollten diese auch gut lernen, nicht wahr. Denn: in der Oberpfalz liebt man klare Aussagen, auch wenn 's oft verneinende sind. Ja, so ist das halt, gell!"

‚nein' heißt in der Oberpfalz ‚naa'

‚nicht' heißt in der Oberpfalz entweder ‚niat' oder (südlicher) ‚neet'

‚niemand' heißt ‚ne(a)mats' oder ‚neamt'

‚nirgends' heißt ‚nöichats'

Wenn Ihnen das alles zu schwer scheint, hier wieder was zum Durchschnaufen:

‚nie' heißt ‚nie'

▶ Tremls tolles Training:
1. Übersetzen Sie:
a) Naa, nu nie is neamats nöichats gween!
Antwort:

b) Nö, du, so nicht!
Antwort:

2. Ergänzen Sie: _____, mei Naamaschii naat nimma!

Lösungen: 1.a) Nein, noch nie ist niemand nirgends gewesen. b) Naa, du, so niat!
2. Naa

▶ Wesentlicher Wortschatz:

- gween = gewesen
- naat = näht
- Naamaschii = Nähmaschine
- nimma = nicht mehr
- nu = noch

Der Trumpf des Connaisseurs

Hobby-Heimatpfleger Heimerich Hirschauer:

„Lieber Heimatfreund und Mundartpraktiker, ausgewiesene Oberpfalz-Spezialisten haben immer den einen, den unsterblichen, unvergleichlichen und obendrein unverwüstlichen Trumpf in der Hand: Sie wissen, dass man die Herkunft aus der Stadt Weiden, aber auch die Zielbeschreibung ‚Weiden' immer mit einem ‚d'' oder dem längeren ‚da' ergänzt. Kennt man jemanden, der aus der Stadt Weiden i. d. OPf.[10] stammt, dann kann man sich als reifen Oberpfälzisch-Kenner erweisen, wenn man sagt:"

---

[10] Die Ergänzung ‚i. d. OPf.' ist eine hier ganz wichtige Abgrenzung zu den vielen anderen Weidens, die es bis ins Österreichische hinein gibt.

„Der/döi stammt vo da Wein!"
oder
„Der kummt aas da Wein!"

Ebenso spezialwisslerisch ist es, wenn man sein Vorhaben, nach Weiden zum Einkaufen, Einkehren oder Demonstrieren fahren zu wollen mit folgender Satzbildung widergibt:

„Iich foa in d' Wein eini"[11]

▶ Tremls tolles Training:
Fahren Sie doch einfach mal nach Weiden, also „in d' Wein eini".

▶ Wesentlicher Wortschatz:
- d' = die
- foa = fahre
- Wein = Weiden

---

[11] Wichtig: diese Spezialformulierung lässt sich nur auf Weiden anwenden. Mit ‚aas da Neimakt', um zu sagen, dass jemand aus Neumarkt komme, macht man sich unendlich lächerlich. Das Gleiche gilt etwa für ein unbeholfenes ‚in d' Pfreimd eini'. Der Satz ergibt zwar tatsächlich einen Sinn, wenn man in den Fluß Pfreimd springen möchte, bezogen auf die Stadt Pfreimd tät 's einen Einheimischen aber nur ‚beidln' (schütteln).

Oua, Houa, Joua

So klingt die Oberpfalz (Teil 2)

Klang- und Gesangslehrer Christopherus Xangl:

„Schon Kinder lernen, dass ein Hund ein ‚Wauwau' ist, weil das die Laute sind, die ein Hund beim Bellen so von sich gibt. (Höchstens er ist ein Hund in einem Comic-Heftchen, dann bellt er natürlich ‚wuff wuff!'.) Unverständlich bleibt es deshalb, wieso viele Nicht-Oberpfälzer den glückseligen ‚ou'-Laut[12] des Oberpfälzer Dialekts immer wieder mit Hundebellen verwechseln. Die Oberpfälzer sind stolz auf ihr ‚ou' und wissen sich damit dem Engländer sehr verbunden, der ja gerne ein freudiges ‚ou jää' (oh, yeah) von sich gibt..."

---

[12] Wie beim ‚öi' (vgl. Kapitel 3) könnte man auch zwischen ‚ou' (z. B. ‚dou' für ‚tun') und ‚aou' (z. B. ‚daou' für ‚da') genauer unterscheiden. Aber für den Einstieg der Einfachheit halber hier immer ein ‚ou' für beide Varianten.

Ein heimlicher Hit aus der Oberpfalz wimmelt von ,ou's, dem liebreizenden Klang-Markenzeichen der Oberpfälzer:

MEI SCHLOOCH

Kennst du den Schlooch,
den iich so gern mooch?
Dees san döi Leit
zwischn Rengschbuach und Tiaschnareith
Woast du scho mal dou? Woast du scho mal dou,
dou wou ma
„Oua, Houa, Jouha, Kouh und Mou" soong dout?
Dou wou ma
gaaling dann im Fröhling mal an Wöihding hout?

▶ Tremls tolles Training:

1. Sprechen Sie das englische ,low'. Setzen Sie an die Stelle des ,l' ein ,m' und schon haben Sie ,Mou'. Sie machen das sehr gut!

2. Singen Sie das Lied ,Mei Schlooch' zu jeder Ihnen gegebenen Möglichkeit[13]. (Dann wird es vielleicht doch noch ein unheimlicher Hit...).

---

[13] Und wenn nicht anders möglich, dann auch zu jeder Ihnen gegebenen Melodie.

▶ Wesentlicher Wortschatz:

- dou = da
- Fröhling = Frühling
- gaaling = möglicherweise (vielleicht von ‚jählings‘, mit einem Schuss ‚überraschenderweise‘)
- hout = hat
- Joua = Jahr
- Kouh = Kuh
- mooch = mag
- Mou = Mond
- Oua = Ohr
- Rengschbuach = Regensburg (Hauptstadt der Oberpfalz, die an der südlichen Grenze der selbigen liegt)
- Schlooch = Schlag (Art, Herkunft)
- Tiaschnareith/Tiaschnaraad = Tirschenreuth (Stadt nahe der nördlichen Grenze der Oberpfalz)
- Wöihding/Wöihdung[14] = Schmerz

---

[14] In manchen Gegenden (beispielsweise Rötz) auch ‚Weihding‘.

D' Kouh beim Schliinfoan

Nützliche Redewendungen (Teil 1)

Mundartfreizeitforscher Alois Nei-Gscheit:

„Mit den langjährigen Forschungen, die ich betrieben und für die ich meine ganze Freizeit geopfert habe, kam ich unter anderem auch zu diesem Ergebnis: Eine der vorzüglichsten Möglichkeiten, sich als gewandter Oberpfälzischsprecher zu erweisen, ist die Wiedergabe von in der oberpfälzischen Region ansässigen Metaphern. Hier die elegante Version eines ursprünglich sicher derber gestalteten Vergleichs (über welchen wir uns tunlichst vornehm ausschweigen wollen, gell!)."

Wenn man sich z. B. leicht verärgert über die etwas hilflos wirkende Arbeitsweise eines Teamkollegen, Schülers oder zu Erziehenden äußern möchte, kann man ihm motivierend diesen Satz entgegenbringen:

„Stöll di nea wieder a
wöi d' Kouh beim Schliinfoan!"

▶ Tremls tolles Training:

1. Sie sind verärgert über die hilflos wirkende Arbeitsweise eines Teamkollegen. Was können Sie ihm sagen:

a) „Iich höit (hätte) a weng a Reim."

b) „Stöll di nea wieder a wöi d' Kouh beim Schliinfoan!"

c) „A alter Ma is koi D-Zuch!"

d) „Du gaangst ma!"

e) „Ja, Brouda Anne!"

f) „Mit dir homma allawaal a grouße Hetz!"

Antwort:

2. ‚Stöll' kann bedeuten?

a) stell - b) Stuhl - c) stehl - d) Freisprechanlage

Antwort:

Lösungen: 1. Sie können ihm natürlich alles Mögliche sagen, aber b) macht wohl am meisten Sinn.

2. außer d) alles

▶ Wesentlicher Wortschatz:

- (si) astölln = (sich) anstellen
- a Reim hom = (Ausdruck beim Kartenspiel bezgl. Kontra (Kontara) geben)
- Brouda = Bruder (‚Brouda Anne' wird gerne als Ausdruck der leichten Verwunderung oder gar Verärgerung verwendet)
- gaangst = gingest („Du gaangst ma!" meint in etwa: Das würde mir ja grade noch fehlen!)
- grouß = groß
- (a) Hetz hom = sehr großen Spaß haben
- nea = nur „bloss"
- Schliinfoan = Schlitten fahren
- Zuch = Zug

niatzum-
vastöih

Mundart und Lyrik

Kulturkritikerin Waltraud von der Augenweide:

„Natürlich strebt der Oberpfälzisch Lernende nach umfassender Bildung. Und erhofft sich vielleicht auch mitunter eine lernunterstützende Wirkung, wenn er Literatur liest, die im Oberpfälzischen verfasst ist. Nur sollte er sich nicht wundern, wenn er einen Lyrikband mit modernen oberpfälzischen Gedichten zu fassen bekommt, dass er darin überhaupt nichts versteht. Denn dem gemeinen Oberpfälzer geht es nämlich da nicht viel anders. Als ein noch leicht zu verstehendes Beispiel nachfolgend ein Mundartgedicht, das mich emotional sehr angesprochen hat:"

Mundartgedichte
(ein Gedicht)

Lyrik
mit
oder
ohne
Jambus
oft
niatzumvastöih

▶ Tremls tolles Training:
1. Deuten Sie übersetzend das nachfolgende Meisterwerk oberpfälzischer Lyrik. Versuchen Sie aber nicht, es zu verstehen!

daham
saa

Antwort:

2. Erholen Sie sich von der Tiefenkraft dieses Zweizeilers indem Sie ‚Alle meine Entchen' oder etwas ähnlich Entspannendes rezitieren.

Lösungen: 1. Wenn die Oberpfälzer gerne daheim bleiben (vgl. Kapitel 6), dann sind sie natürlich auch meistens daheim. Und so wird dieses daheim sein wohl zur Grundaussage, die tief aus der Oberpfälzer Seele steigt.[15]

▶ Wesentlicher Wortschatz:
- daham = daheim / zu Hause
- niatzumvastöih = nicht zu verstehen

---

[15] Parallelen gibt es hierbei sicherlich zum herzzerreißenden ‚nach Hause' der Filmfigur E.T.

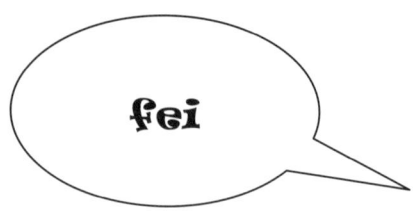

Ein kleines, feines Wort mit der großen Wirkung

Mundartfreizeitforscher Alois Nei-Gscheit:

„Das Wort ‚fei' lässt sich irgendwie ganz schwer übersetzen. Die intensiven langjährigen Forschungen in meiner Freizeit haben aber doch ein paar Erklärungsmöglichkeiten ausfindig gemacht: Manche leiten ‚fei' vom ‚altertümlichen' ‚fein' ab. Andere hingegen übersetzen es mit ‚eben'. Meistens wird es aber einfach als verstärkendes Füllwort verstanden, das z. B. die umständliche Einfügung ‚das wollte ich Dir aber nun mal gesagt haben' ersetzen kann. Weltenbummler berichten, dass es das ‚fei' auch im Schwäbischen, im Fränkischen und sogar bis hinauf ins Thüringische geben soll, gell!"

Die wesentliche Zeile des Mundartwinterliedes ‚Es schneit' soll Ihnen den ersten Zugang zur Welt des ‚fei' bahnen:

> „Leit, wenn 's schneit, dann schneit 's fei meist gscheit!"

Tremls tolles Training:

1. Fügen Sie insgesamt drei Mal ‚fei' in die passenden Stellen ein:

„Oins sooch i dir, wennst niat gscheit lernst, dann bist bal drass aas da Schöl!"

Antwort:

2. Üben Sie mit dem Lied ‚Es schneit'.

Lösung: 1. „Oins sooch i dir fei, wennst fei niat gscheit lernst, dann bist fei bal drass aas da Schöl!"

▶ Wesentlicher Wortschatz:

- fei = aber nun wirklich / also wirklich (oder so ähnlich vielleicht...)
- i = ich (Kurzform von ‚iich')
- Leit = Leute
- Schöl = Schule
- sooch = sage

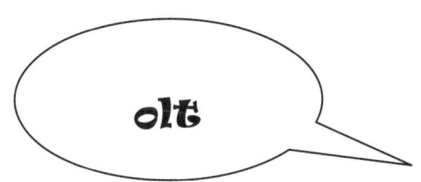

Altes ist nicht immer alt

Sprachcoach Mampfred Dampfplauderer:

„Der Oberpfälzer liebt die Abwechslung. Das ist doch schön! Dabei achtet er halt dann wenig auf Regeln. Das aber ist letztlich nicht besonders tragisch. Man muss es nur wissen und sich dann auf das Wesentliche konzentrieren. Das gilt dann z. B. auch für das Wort ‚olt' für ‚alt'. Damit Sie nach der Lektüre dieses Sprachkurses in der Praxis - erlauben Sie mir das kleine Wortspiel - nicht alt ausschauen, hier also ein entscheidender Hinweis: was nicht mehr neu ist, ist in der Oberpfalz nicht unbedingt nur ‚olt'. Sie dürfen gespannt sein, wie sich das also verhält. Dazu lauschen wir in ein Expertengespräch:"

Mane: „Dei Auto is owa öitzat aa scho ganz schöi olt!"

Moartl: „Ja, mei, döi alte Scheesn bring i aa nöichats möina a! Dou gibt da koina mehr a Göld dafia!"

Mane: „Da alt' Winter Kare vo Altendorf driiwan, daats da vielleicht nu okaaffn."

Moartl: „Föiat der nu sei Gschäft oder hout dees niat scho da Jung' iwanumma?"

Mane: „Wos woiß denn iich! Owa so olt woa da Alt' Winter aa nu niat!"

Moartl: „Stimmt so olt waar da Alt' gwiiß nu niat."

Während man also *beim alleinstehenden*	alt	das a zum o und das t weicher werden lässt (Tendenz zu d), also:	olt
bleibt *beim adjektivischen*	alt	auch im Oberpfälzischen das a erhalten, also:	alt

Sprachcoach Mampfred Dampfplauderer:

„Wunderbar, nicht wahr! Und: gerne wird das ‚alte' verkürzt auf ‚alt''. Auch schön! Und noch eine Auffälligkeit: Auf Generationen bezogen muss man im Laufe des Gespräches nicht immer den ganzen Namen wiederholen. Das ‚da Jung'' meint also eigentlich ‚da jung' Winter (Kare)', und das spätere ‚da Alt'' meint entsprechend ‚da alt' Winter (Kare)'. So einfach ist das!"

▶ Tremls tolles Training:

1. Ergänzen Sie:

a) Mit 99 Jouan is ma fei scho ganz schöi ....

b) Die Alte vom Brennsauer Sepp hout die .... Winnigl Mare zammagstaucht, dass nea so graucht hout.

c) San öitzt Sie da .... oder da jung' Katzenecker Michl?

d) Iich spül aaf die ...! (Ausdruck beim Schafkopfspiel)

2. Übersetzen Sie:

Der alte Alt (häufiger Familienname) ist alt.

Antwort:

Lösungen: 1.a) olt, b) alt', c) alt', d) Alt'
       2. Da alt' Alt is olt.

▶ Wesentlicher Wortschatz:
- föian = führen
- Kare = Karl
- olt = alt
- Scheesn = Gefährt nahe der Fahruntauglich-keit
- zamm(a)stauchn = jdn. ganz klein machen

Die ergiebige Spiel-Feldforschung

Kommunikationswissenschaftlerin Inge Spräch:

„Viele kommen mit dem Erlernen der französischen Sprache besser voran, wenn sie häufig französisches Fernsehen im Originalton schauen. Andere versuchen ihr Englisch bei Laune zu halten indem sie immer die Texthefte der gerade im Player befindlichen englischsprachigen CDs studieren. Wieder andere lernen Tschechisch mit Hilfe der im Grenzland so gern empfangenen tschechischen Radiosender. Da aber das Oberpfälzische leider so gut wie gar nicht in den Medien vorkommt, ist der Lernende diesbezüglich auf andere Ausweichmöglichkeiten angewiesen. Ganz besonders empfiehlt sich der Besuch eines Kreisliga-Fußballspiels...“

Blenden wir uns kurz in die Partie ASV Wimmerernaab gegen 1. FC Prötzlersrieth ein und lauschen den Bekannten A und B:[16]

---

[16] Neben den spielspezifischen Ausdrücken, die wir hier nicht alle in ihrer endlosen Reihe aufführen wollen, ist für den Lernenden dabei zumindest das Eine tröstlich: Obwohl der Nord-Oberpfälzer für das Scheunen-, Garagen- oder Garten-Tor ‚Doua' sagt, schreit er beim Angriffserfolg der eigenen Mannschaft ‚Tooooor!'. Diesbezüglich muss man also wieder mal gar nicht so viel erlernen.

A: „Göih, kumm, laaff halt a weng!"[17]

B: „Mei, sua a Höidlbrumma, wou hout 'n der 'n Führerschein gmacht?!?!"

A: „Spül halt fiari! Fiari! Menschnskiina! Schau halt, du Drolo!"

B: „Dees git 's doch niat, döi spüln ja wieder wöi die letztn Mölka!"

A: „Hintermann! HINTERMANN!!! - Fraali, schlouf nea weida!"

B: „Ran! Ran! Göih halt hii! Du bist doch dou niat in da Kiachn!"

A: „Öitz göihts, göihts, göihts, göihts!"

B: „Döi tramma doch alle!"

A: „Kumm, dou vorn spült d' Musik!" „Stusee"

B: „Fiari, jaa, weiter!"[18]

A (kurzatmig): „Ja, ja, ja, ja!"

B (lufteinziehend): „Hssss!"

A (knapp): „Ja!"

Beide: „Toooooooor!"

A: „Supa!"

B: „Zeit woan is!"

---

[17] Beachten Sie die schöne Kombination ‚Göih, kumm, laaff'.
[18] Beachten Sie die unterschiedlichen Versionen von ‚weiter'. A hatte es weicher als ‚weida' gesprochen.

A: „Sigst d' as, wöi i 's scho allawaal gsagt ho: iwa links und dann eini flankn! So göiht 's doch!"

B: „Öitzt nu vöiamal treffen in die letztn drei Minutn und dann höima wenigstns a Unentschieden..."

▶ Tremls tolles Training:

1. Ihre Handball(!)mannschaft trifft den Ball ins gegnerische Tor. Sie rufen:

a) Toooooor!

b) Doua!

c) Dunnakaal, öitzt hob i 's niat gseeng, weilst mia du wieder wecha deiner Susi as Oua vullwaafln doust!

2. Sie kommen in die Verlegenheit den italienischen Stürmer Vieri anzufeuern. Sie rufen:

Vieri...

a) ..., vidi, vici

b) ... fiat

c) ... fiari

Lösungen: 1.a)
2.c)

▶ Wesentlicher Wortschatz:

- Kiachn = Kirche
- Doua = Tor
- Drolo = (Schimpfwort, vielleicht von Trottel entlehnt)
- Dunnakaal = Donnerkeil
- fiari = nach vorne
- fraali[19] = freilich, klar, sicher
- Höidlbrumma = (Schimpfwort, wörtlich: Hütchenbrummer)
- Mölka = Melker
- spül = spiele
- vullwaafln = vollquatschen

---

[19] Kann auch als fraale, also mit einem e am Ende verstanden werden (zum ‚i'/'e'-Problem im Auslaut vgl. die Anmerkung in Kapitel 5).

stänga

Die Ausnahmen im simplen nix-st-t-wöighabt-ts-wöighabt-Schema®

Sprachcoach Mampfred Dampfplauderer:

„Ja, was wäre das Leben ohne Aus-nahmen! Eintönig und ohne Überra-schungen! Lassen Sie sich also nun überraschen von den wunderbaren kleinen Abweichungen, die in der wunderbaren Welt des unübertrof-fenen nix-st-t-wöighabt-ts-wöighabt-Schema®s existieren.

Die Tunworte, die wir mit dem wirklich hilfreichen nix-st-t-wöighabt-ts-wöighabt-Schema® noch nicht bearbeitet haben und die wir jetzt behandeln wol-len, sind folgende (lassen Sie sie uns in einem klei-nen selbstverfassten Achtzeiler vorstellen) …“

Am End
(Tunworte-Gedichtlein)[20]

,hom' und ,geem',
,göih' und ,stöih',
,hoißn' und ,reen'[21],
,loua' und ,möin',

,dou' und ,seeng',
,soong' und ,miing'
dann nu ,deam'
und am End halt ,steam'

Sprachcoach Mampfred Dampfplauderer:
*„Nun also kursiv die zu merkenden Wortstämme
(Sie erinnern sich: das waren die Grundpfeiler, mit
dem das hilfreiche nix-st-t-wöighabt-ts-wöighabt-
Schema® arbeitet) und dick die Ausnahmen im Ihnen sicher schon ans Herz gewachsenen nix-st-t-
wöighabt-ts-wöighabt-Schema®."*

---

[20] Dem hier fehlenden und ganz widerborstigen ,saa' ist ein eigenes Kapitel
gewidmet! (s. Kapitel 9)
[21] auch ,rian'

	ich	du	er/sie/es	mia	dirts/enk	döi
hom (haben)	**ho**[22] *(hou)*	houst	hout	hom	houts	hom
geem (geben)	*gib*	gibst	**git**	geem	**gäbts**	geem
göih (gehen)	*göih*	göihst	göiht	**gän-ga**[23]	göihts	**gänga**
stöih (stehen)	*stöih*	stöihst	stöiht	**stän-ga**[24]	stöihts	**stänga**
hoißn (heißen)	*hoiß*	**hoißt**	hoißt	hoißn	hoißts	hoißn
reen (reden)	**reed** *(red)*	redst	redt	reen	redts	reen
loua (lassen)	lou	loust	lout	loua/**löin**	louts/**löits**	loua/**löin**
möin (müs-sen)	mou	moust	**mou**	möin	**möits**	möin
dou (tun)	dou	doust	dout	**döin**	**döits**	**döin**

---

[22] Der Wortstamm müsste eigentlich ‚hou' heißen.
[23] auch ‚genga'
[24] auch ‚stenga'

74

seeng (sehen)	**siich** *(sig)*	sigst	sigt	seeng	**sägts**	seeng
soong (sagen)	**sooch** *(sag)*	sagst	sagt	soong	sagts	soong
miing (mögen)	**mooch** *(mog)*	mogst	**mooch**	miing	**migts**	miing
deam (dürfen)	*deaf*	deafst	**deaf**	deam	deafts	deam
steam (ster-ben)	*stiab*	stiabst	stiabt	steam	**stea-bts**	steam

▶ Tremls tolles Training:

1. Da ja der angegebene Wortstamm immer auch der Imperativ ist[25], können Sie nun nach Lust und Laune auch gleich ein paar Befehle erteilen:

a) Wenn Ihnen jemand etwas geben soll, sagen Sie:

Antwort: „*gi- mas*"

b) Wenn Ihre Freundin gehen soll, sagen Sie:

Antwort: „*göili*"

c) Wenn Ihr Pferd stehen soll, sagen Sie:

„*Brr!..*"

_____

[25] vgl. Kapitel 6.

Antwort:

2. Übersetzen Sie:

a) Döi döin löing!

Antwort:

b) In Luhe sage ich laut: Lauser, lass mich los!

Antwort:

Lösungen: 1.a) Gib!, b) Göih!, c) Brrr!

2.a) Die (tun) lügen!, b) In Louh sooch
iich laut: Lauser lou mi lous!

▶ Wesentlicher Wortschatz:

- am End = am Ende / zuletzt
- löing = lügen
- Louh = Luhe
- lous = los

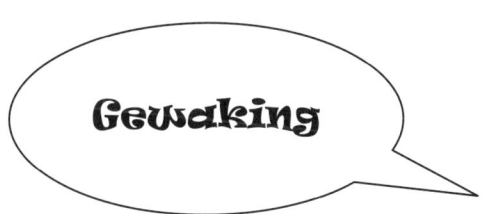

Gewaking

Erste Hilfe zur Entschlüsselung
von Ortsnamen

Hobby-Heimatpfleger Heimerich Hirschauer:

„Lieber Heimatfreund und Mundart-praktiker, um sich in der heimatlichen Oberpfalz nicht nur sprachlich, sondern auch geographisch zurechtzufinden, ist es sehr hilfreich, wenn man die von der hochdeutschen Schreibweise arg abweichenden Ortsbezeichnungen einiger Weiler des gesegneten Landes kennt. Ich habe für Sie einige typische Beispiele zusammengetragen. Am langgezogenen ‚-raad' recht einfach zu erkennen sind Ortsnamen des nördlichen Bereichs der Oberpfalz, die mit ‚-reuth' enden. Mit etwas Phantasie findet man sich dann gut und schnell zurecht."

Tschitscherlboch = Windischeschenbach
Isling = Eslarn
Gewaking = Hohengebraching
aaf da Brandt = Ihrlerstein
Kieschdaa = Königstein
Woundra = Wondreb
Bloaba = Blaibach
Eppnaraad = Eppenreuth
Tiasch(n)araad = Tirschenreuth
Konnasraad = Konnersreuth
Schaaraad = Scherreuth
Pfaffaraad = Pfaffenreuth

▶ Tremls tolles Training:
1. Welche Ortschaft meint ‚Breemaraad'?
a) Bremerhaven - b) Primarad - c) Premenreuth
2. Welcher Ausdruck gibt ‚Haidenaab' wieder?
a) Haideneup - b) Hoina - c) Hainoo
3. Übersetzen Sie Kamaraad:
a) Kamerad - b) Kaum ein Rat - c) Großkonreuth
Lösung: 1.c) - 2.b) - 3.c)

▶ Wesentlicher Wortschatz:
- -raad = -reuth

douda

Akustische Zeigefingerverlängerung

Kommunikationswissenschaftlerin Inge Spräch:

„Der Oberpfälzer verstärkt seine Aussagen gerne mit kurzen Silben (s. fei). Dies gilt auch für das vom hochdeutschen ‚da' abgeleitete kleine Wörtchen ‚dou'. Das erscheint dem Oberpfälzer manchmal wohl etwas zu klein. Denn bei diesem meist doch recht unauffälligen Wort des Hinweises darauf, wo sich etwas befindet, hat er sich was Besonderes einfallen lassen. Zeigt er z. B. auf den freien Platz im Restaurant, an dem sich sein Begleiter hinsetzen kann, reicht ihm nicht immer ein ‚dou' für ‚da', ‚dort' oder ‚hier', sondern er verlängert und verstärkt dieses ‚dou' mit einem (phonetisch runterfallenden) ‚da' zu einem ‚douda'!"

„ dej er kinner" Nicht z. B. diqer Äpfl"
wichtig!!

In der Volksschule zu Vohenstrauß:

Lehrerin nach den Schulferien: „Thorben, heute habe ich extra eine Weltkarte mitgebracht. Nun sag uns doch mal, in welchen Ländern du bei deiner Weltreise mit deinen Eltern überall gewesen bist."

Thorben[26]: „Douda, douda, douda, douda und douda. Und dou aa!"

▶ Tremls tolles Training:

1. Sie werden von Ihrem oberpfälzischen Gastgeber durch dessen Garten geführt, und er möchte von Ihnen einen Tipp, wo er seinen kleinen japanischen Steintempel platzieren könnte. Sie deuten und sagen:

a) Wos fia a Zeich is 'n dees?
b) Dada
c) Toto
d) Douda✗

2. Übersetzen Sie den berühmten Titel des bisher unveröffentlichten Oberpfalz-Krimis ‚Douda liegt a Douda!'

Antwort:

Lösungen: 1.d)
2. Da liegt ein Toter!

---

[26] Wer mit den Bezeichnungen ‚Lehrerin' und ‚Thorben' nicht viel anfangen kann, darf natürlich gerne stattdessen wieder die Bekannten A und B setzen.

▶ Wesentlicher Wortschatz:

- a = ein
- aa = auch
- dees = das
- douda = da, hier, dort
- Douda = Toter
- Zeich = Zeug

Was mit der Vorsilbe va- alles passieren kann

Klang- und Gesangslehrer Christopherus Xangl:

„Ich kann es nicht oft genug betonen: Die Oberpfalz klingt! Wegen dem klingenden Oberpfälzisch! Auch diese kleine Lektion wird Ihnen das wieder zu Gehör bringen können. Legen wir unser Ohrenmerk einfach nur auf eine kleine Silbe: die aus dem Hochdeutschen ja allseits bekannte Vorsilbe ‚ver-' wird im Oberpfälzischen zum wohlklingenden ‚va-'. Also zu einem ‚v' mit einem angehängten dunklen ‚a'. Das nette Lied ‚Vaheirat' aus meinem ‚Archiv weitgehend unbekannter Lieder aus der Oberpfalz' gibt ein Beispiel, welch große Bedeutung die manchmalige Doppeldeutigkeit von ‚va-' besitzen kann."

VAHEIRAT

Iich wollt renna,
doch dann hob i mi varennt
Iich wollt bloß penna,
doch dann hob i glei vapennt
Doch dees is alles niat so schlimm
huach zou, wos iich dir sooch:
Iich wollt bloss heiran
und hob öitzt gmerkt,
dass i mi vaheirat ho

Klang- und Gesangslehrer Christopherus Xangl:
„Andererseits wird auch gerne aus einem hoch-
deutschen ‚er-‘ ein klangvolles ‚va-‘ gemacht."
„Erzähl mir doch nichts"
wird zu
„Vazöhl[27] ma doch nix!"

‚Sich erkälten'
wird zu
‚si vaköltn'

---

[27] In Extremversion: ‚vazühl'   ~ erzählte

▶ Tremls tolles Training:

1. Ergänzen Sie folgende Übersetzungen:

a) Die Augen verdrehen - D' Aung ....draahn.
b) 7 Knödel verdrücken - 7 Schpouzn ....druckn.
c) Die Leute veräppeln - D' Leit ....oaschn.
d) Unsinn erzählen - an Schmarrn .....zöhln.

2. Wie sprechen Oberpfälzer den Namen der Stadt ‚Erding' aus?

a) Ärding - b) Eading - c) Vading

Lösungen: 1. immer ‚va-'
        2. b)

▶ Wesentlicher Wortschatz:

- Aung = Augen
- hei(r)an = heiraten
- owoatn = abwarten
- Schmarrn = Unsinn

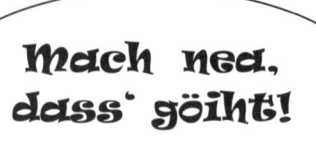

Mach nea, dass' göiht!

Nützliche Redewendungen (Teil 2)

Mundartfreizeitforscher Alois Nei-Gscheit:

"Worauf ich in meinen langjähri-gen, aufopferungsvollen Forschun-gen in meiner Freizeit immer wie-der gestoßen bin, ist folgender Sachverhalt: Mit Fremdsprachen passiert es einem ja häufig, dass man gewisse Sätze nicht entschlüs-seln kann, obwohl einem jedes ein-zelne Wort des Satzes an sich geläufig ist. Bestimm-te Wortkombinationen haben Bedeutungen, auf die ein Außenstehender nicht kommt, wenn sie einem nicht mal ‚ausgedeutscht' werden. Ich werde Ihnen nun drei beliebte derartiger Oberpfälzer Redewen-dungen ausoberpfälzischen, gell!"

Lehrling: „Moister, iich kröich döi Schraam niat fest."

Meister: „Öitz mach nea, dass' göiht! Du wirst doch dees kloine Schraawerl dou fest schraam kinna!"

Mundartfreizeitforscher Alois Nei-Gscheit:
„‚mach nea, dass göiht‘[28] meint also in etwa ‚stell dich nicht so an!‘. Es ist dem Spruch ‚mach niat sua a Weeda‘[29] sehr verwandt."

Kinder, die gerade zu einer kleinen Geburtstagsfeier der Nachbarskinder aufbrechen, werden noch von der Mutter ermahnt:
„Göll, döits niat z' lous!"

Mundartfreizeitforscher Alois Nei-Gscheit:
„‚döits niats z' lous‘[30] meint also in etwa ‚benehmt euch anständig‘ oder ‚macht nicht zu wild rum‘."

Über ihren Mann, der auf der Straße in Cham mal wieder Hinz und Kunz kennt und anspricht, klagt

---

[28] wörtlich: mach nur, dass es geht
[29] wörtlich: mach nicht so ein Wetter
[30] wörtlich: tut nicht zu lose

seine Frau dem befreundeten Paar: „Kummt a wieder niat zoua, da alt' Tröidla!"

Mundartfreizeitforscher Alois Nei-Gscheit:
„‚Kummt a niat zoua[31] meint also ungefähr ‚trödelt er wieder rum' oder in einem speziellen Fall auch mal ‚kommt er (wieder) zu spät'."

▶ Tremls tolles Training:

1. Ihre Bekannte springt aus Angst vor einem Dackel auf eine Gartenmauer. Sie können Ihr beruhigend sagen:

a) Ja, mi hout sogoa scho amal a Zwergpinscher a Zöian obissn!

b) Öitzt mach nea dass' göiht! Dees Hunderl dout da doch nix!

c) Mei, Du kannst owa schöi houch springa!

d) Du, in dem Gaatn haust aa nu a Pit Bull!

2. Am Abend vor dem entscheidenden Spiel um den DFB-Pokal sagt der Trainer zu seiner Mannschaft, die gerade zu einer Kneipentour durch Berlin aufbrechen will:

---

[31] wörtlich: kommt er nicht herzu   *auch: „zuaerer"*

a) Kummts immer iwa links!
b) Döits niat z' lous!
c) Ja, spinnts ihr, ihr Deppn, ihr damischn!

3. Nach der 0:7-Pokalpleite ist der Trainer wie spurlos verschwunden. Der Mannschaftskapitän sagt ungeduldig zu seinen Spielkameraden mit denen er gleich zu einer weiteren Kneipentour durch Berlin aufbrechen will:

a) Zeascht baut a miid seiner Spültaktik sua an Mist und dann kummt a wieder niat zoua!
b) Öitzt wird a wieder woina, da Bou!
c) Hoffentlich saafft a si niat wieder sua zamm wöi gestern Aoumd!

4. Versuchen Sie auch folgende Redewendungen in Ihren aktiven Wortschatz zu übernehmen:

„Wer saaffn ka, kann aa in d' Kiachn geh." (Wird gerne in der Hemauer Gegend verwendet)

„Steich ma doch am Iawl!" (Eine salonfähigere Alternative zum berühmten Zitat von Götz von Berlichingen)

„Wöi da Acker sua die Roum
Wöi da Vatter sua die Boum
Wöi d' Mutter sua di Techter
doch meist nu a wengerl schlechter!"

Lösungen: 1.b)
2.c)
3.a), b) und c) möglich.

▶ Wesentlicher Wortschatz:
- Boum = Buben, Jungen
- Gaatn = Garten
- göll = gell (mit Ausrufezeichen = bloß, dass das klar ist! - Mit Fragezeichen = stimmt 's?)
- houch = hoch
- Iawl = Ärmel
- Moister = Meister
- Roum = Rüben
- Techter = Töchter
- Weeda = Wetter
- z' lous = zu wild
- Zöia = Zehe (Zöian ist der Akkusativ)
- zoua = herzu/herbei

Am alla-schöinstn

Unorthodoxe Steigerungsmöglichkeiten

Klang- und Gesangslehrer Christopherus Xangl:

„Sie wissen: die Oberpfalz klingt! Und was die Umgangssprache und den Dialekt so klang- und auch wertvoll macht, ist deren schier unbegrenzte Freiheit, so manchem Einerlei des Hochdeutschen immer wieder ein Schnippchen zu schlagen. Beispielsweise auch dadurch, dass man einfach noch eins drauf setzt - und dann noch eins - und dann noch...

Landläufig bekannt sind die Steigerungen von Adjektiven. Nehmen wir das schöne Wörtchen ‚schöi' (schön) aus dem Liedtext ‚Schöi fia di'. Das steigert sich zunächst entlang dem Hochdeutschen ja tatsächlich so:"

schöi - schöiner - am schöinstn

Klang- und Gesangslehrer Christopherus Xangl:
„Wem das aber nicht genügt, der hat die Möglich-keit mit einem ‚alla' die Steigerung nochmal zu steigern."

am allaschöinstn[32]

Klang- und Gesangslehrer Christopherus Xangl:
„Nicht selten kommt es aber vor, dass mit einem gedoppelten ‚alla' eine für viele nicht für möglich gehaltene Steigerung der Steigerung doch nochmal möglich wird."

am allaallaschöinstn

Klang- und Gesangslehrer Christopherus Xangl:
„Nochmal mit einem weiteren ‚alla' zu steigern ver-bieten Anstand und Sitte. Wer aber trotzdem noch mehr ausdrücken möchte, der kann mit einem ele-

---

[32] vgl. auch die Intensivierung von ‚as gleiche Hem(d)': ‚as allergleiche Hem(d)'

gant einleitenden ‚Mei' die doppelte alla-Steigerung nochmal mit zusätzlichem Gewicht versehen. Also ungefähr etwa so:"

„Mei, dees Moidl woa am allaallaschöinstn vo alle!"

Klang- und Gesangslehrer Christopherus Xangl:
„„Schöi kann aber nicht nur gesteigert werden, sondern dient auch selbst der Steigerung:"

„Ich bin ganz schöi blöid!"

▶ Tremls tolles Training:
1. Ergänzen Sie die fehlenden Worte des Liedtextes von ‚Schöi fia di' und beachten Sie die anderen Steigerungsmöglichkeiten von ‚schöi' in der vierten Strophe:

SCHÖI FIA DI
Wenn i frouch: Wöi woa 's im Urlaub? Sagst du:

Wenn i zeich, dass du mia guad doust, sagst du:

Wenn i sooch, dass i glei fuat mou, sagst aa:

Schöi, schöi, schöi, as Leem is so schöi
schöi, schöi, schöi, schöi - fia di

Wenn i frouch: wann soll iich kumma?
Sagst: „............... fröih!"
Wenn i afang d' Wend zum streichen,
sagst: „............... gröi!"
Wenn i fertig bin und Hunger höid,
sagst: „..............., dann kannst öitzt göih!"
Schöi, schöi, schöi, as Leem is so schöi
schöi, schöi, schöi, schöi - fia di

Wenn i frouch, wöi möid, dass d' bist,
sagst: „Ganz _schöi_ möid!"
Wenn i dir wos schenk,
sagst: „ A ganz _schöi_ ns Gstöih!"
Wenn i merk, wöi blöid ich woa,
sagst: „Ganz _schöi_ blöid!"
Schöi, schöi, schöi, as Leem is so schöi
ganz schöi blöid - fia mi

Wenn i frouch, wöi d' Romfahrt gween is,
sagst: „Du, döi woar soo _schöi_!"

Und wöi d' Pension gween is?

sagst: „Mei, du, döi woa soo ....!"

Und wöi döi Woch ohne mi woa?

sagst: „Mei, du, döi woa so .... owara!"

Schöi, schöi, schöi,...

2. Wann soll man aufhören mit diesem Buch zu arbeiten? Wenn es

a) schöi

b) am schöinstn

c) am allaschöinstn

d) am allaallaschöinstn

ist?

Lösung: 1. 11x ‚schöi'

      2. Gar nicht!

▶ Wesentlicher Wortschatz:

- fröih = früh
- frouch = frage
- gröi = grün
- Gstöih = unnützer Tand, der nur im Weg rumsteht (wörtlich: Gestehe)
- möid = müde
- Moidl = Mädchen
- owara = aber auch (owa + aa)

Wöidarawöll

Ein Schmankerl für Ehrgeizige

Kulturkritikerin Waltraud von der Augenweide:

„Nicht überall in der Oberpfalz kommt er vor, aber dort wo er verwendet wird, wird er sehr gerne verwendet: einer dieser unglaublichen Spezialausdrücke, die einen Dialekt so unwiderstehlich machen. Als kleines Sprachkurs-Schmankerl wird dem Sprach-Gourmet nun das emotional so wuchtige ‚wöidarawöll‘ präsentiert. Verwenden Sie ‚wöidarawöll‘ nicht zu häufig und nicht willkürlich. Setzen Sie es nuanciert in abweisende Aussagesätze oder einer untermauernden Darlegung der eigenen Unbeirrbarkeit ein. Ein scheinbar banales Gedicht kann dadurch emotionale Tiefenschichten zum Schwingen bringen:"

Graffiti des frustrierten Schülers

Mooch 's saa
wöidarawöll
ich göih heit
niat in d' Schöl

▶ Tremls tolles Training:

1. Reimen Sie meisterlich:

„Wei, ich sooch d' as: ....,
ich foa moang aaf Mitterhöll!
Denn dees Weeda passt so schöi
dou mou ma halt in d' Schwamma göih!"

2. Übersetzen Sie: Mag es kosten, was es will.

a) Mooch 's kostn wosdarawöll. ✗
b) Mooch 's kostn, wos' wüll.
c) Her damiid!

Lösung: 1. wöidarawöll
         2.b)

„des koa nä wa's moch"

▶ Wesentlicher Wortschatz:

• wöidarawöll[33] = wie es will

---

[33] Betonungen auf die erste und die letzte Silbe, und das zwischengehängte ‚dara' als geschmeidig dahingleitendes Bindeglied.

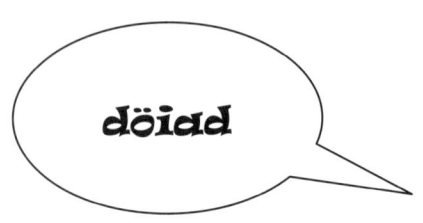

döiad

Wie sage ich es am treffendsten

Kommunikationswissenschaftlerin Inge Spräch:

„Verhält sich jemand anders als der gemeine Oberpfälzer es im allgemeinen erwartet, dann steht letzterem ein kleines Sammelsurium oberpfälzischer Begriffe zur Verfügung, mit denen man nur immer wieder eines zum Ausdruck bringen will: dass dieser jemand ja wohl einen Schaden hat. Erlauben Sie mir, dass ich in dieser Lektion auf die anonymisierenden Bezeichnungen A, B und C verzichte (zumal hier noch ein D von Nöten gewesen wäre). Ich denke, das macht die angeführte Kommunikation noch plastischer."

Stammtischgespräch in Neustadt a.d. Waldnaab über einen zufällig nicht Anwesenden:

Ruml Schorsch: „Der is ja döiad!"
Ettenreich Erwin: „Der is niat nea döiad, der hout aaran Datscha!"
Birner Max: „Owa an gscheitn!"
Mutzbauer Heiner: „Und obndrein spinnt der in folio!"
Ruml Schorsch: „Der hout niat nea an Datscha, sondern an riesn Hau!"
Birner Max: „Sua an Schlooch wöi der oin hout, moust eascht amal hom!"
Mutzbauer Heiner: „Zwirrt waar nu goud gsagt! Naarrisch is a! Und a ganz a daamischer Blöidl!"
Ettenreich Erwin: „Ich sooch eich oins: Sua wöi 's den hout, hout 's nu koin ghabt!"
Ruml Schorsch, Ettenreich Erwin und Birner Max: „Genau!"

▶ Tremls tolles Training:
Schreiben Sie einen zweiseitigen Aufsatz über den Unterschied zwischen einer russischen und einem oberpfälzischen Datscha.

▶ Wesentlicher Wortschatz:

- aa(r)an = auch einen
- an Datscha hom = nicht ganz richtig sein
- an Hau/Schlooch hom = nicht ganz richtig sein
- Blöidl = Blödmann
- daamisch = dämlich, dumm
- döiad = irr/toll, schwindelig
- in folio spinna = ganz besonders stark verrückt sein
- naarrisch = verrückt, närrisch
- oin hout 's = jemanden hat es (erwischt)
- zwirrt = verwirrt

Stodldouadiarl

Ein langes Wort

Klang- und Gesangslehrer Christopherus Xangl:

„Geneigter Mundartfreund, nun werden Sie in die heiligsten Hallen des oberpfälzischen Sprachgebrauchs eingeführt. Und wieder wird es sich erweisen, dass die Oberpfalz klingt! Nach der Arbeit mit den bisherigen Lektionen sollte es für Sie kein Problem sein, sich dem - wenn auch kleinen, aber doch - tragenden, klingenden Begriff des folgenden Liedtextes zu öffnen. Das Lied heißt ‚Annamirl'. Das wichtige Wort darin aber lautet ‚Stodldouadirl' (Scheunentortürchen!)."

ANNAMIRL

Hinter 'm Stodldouadirl
stöiht as schöine Annamirl
is so schöi
in ihrer Blöih
doch iich mou zu meine Köih

Stöiht as schöine Annamirl
hinter 'm Stodldouadirl
is so schöi
mia dout as Herz so wöih
waal iich mou zu meine Köih

Kummt da Hutznbauerngirgl
sigt as schöine Annamirl
und wöi i schau
stöiht s' nimma dou
döi blöide Kouh[34]

---

[34] „Kouh" ist übrigens eines der wenigen Mundartworte, die im Oberpfälzischen in allen Regionen gelten. Von Burglengenfeld bis Kemnath, von Grafenwöhr bis Roding!

▶ Tremls tolles Training:
Sprechen Sie 100 x ‚Stodldouadirl'. Beginnen Sie langsam, so dass Sie dem Wort zunächst etwa vier Sekunden Zeit geben, Ihrem Mund zu entweichen. Steigern Sie sich auf mindestens 0,78 Sekunden.

▶ Wesentlicher Wortschatz:
- Annamirl = (kleine) Annemarie
- Blöih = Blüte
- Hutznbauerngirgl = Georg vom Hof vom Hutznbauern (Der Hutznbauer muss nicht unbedingt in Wirklichkeit den Nachnamen ‚Hutznbauer' tragen. Das ist oft nur der Hof- oder Hausname. Vielleicht heißt der Georg hier mit Nachnamen ‚Meier-Immenstedt', weil er in zweiter Ehe...)
- Stodldouadirl = Scheunentortürchen[35]

„der Schüb kar

---

[35] Eine große Scheune hat oft ein großes Tor. Und damit man das Tor nicht immer umständlich aufschieben muss, wenn man nur die Schubkarre herausholen will, hat man oft in das große Tor noch ein kleines Türchen eingebaut - eben das ‚Stodldouadirl'. Manchmal begegnet man auch dem auf den ersten Blick unlogischen Ausdruck ‚Stodldirldoua', denn natürlich kann man in ein kleines Scheunentürchen nicht noch ein großes Tor einbauen. Aber diese Variante bekommt dann doch noch einen Sinn, wenn man damit eben

Die andere Uhrzeit minutenschnell erfassen

Freier Dozent Dr. phil. Kol Lins:

„Hmmh. Was soll ich sagen, ähm? Mm, wenden wir uns nun einfach dem Erfassen der Uhrzeiten zu. Im Oberpfälzischen werden die vollen Stunden der Uhrzeit nahe an den Zahlen von eins bis zwölf orientiert benannt. Ab 4 Uhr wird aber ein ‚e‘ bzw. ‚i‘ angehängt[36]*. Und, ähm, die Zwischenzeiten werden immer zur nächstfolgenden ganzen Stunde hin gedacht. Also, äh, z. B. nicht ‚viertel nach zwei‘ für 14.15 Uhr, sondern vielmehr, hm, ‚viatl drei‘. Daraus ergeben sich dann drei Zwi-*

---

nicht das Türchen beschreiben will, sondern in Abgrenzung zu dem Tor in dem kein Türchen eingebaut ist, das Tor in dem ein Türchen eingebaut ist.

[36] Zum ‚e‘/‚i‘-Unterschied vgl. Kapitel 5.

schenstufen, wie Ihnen das folgende Kapitel, ähm, zeigen kann. Genau."

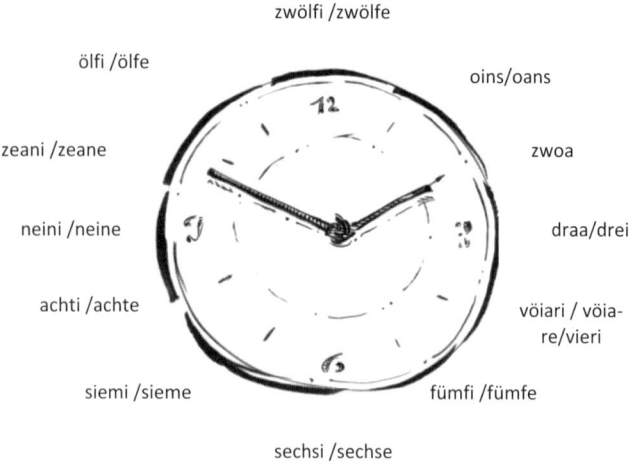

zwölfi /zwölfe

ölfi /ölfe

oins/oans

zeani /zeane

zwoa

neini /neine

draa/drei

achti /achte

vöiari / vöia-re/vieri

siemi /sieme

fümfi /fümfe

sechsi /sechse

Die Zwischenzeiten:
14.15 Uhr viatl drei[37] (die dritte Stunde ist erst zu einem Viertel fortgeschritten)

---

[37] In manchen Regionen auch gerne als ‚vöial draa' ausgesprochen.

14.30 Uhr halwa drei (die dritte Stunde ist schon zur Hälfte vorbei)

14.45 Uhr dreiviatl drei (die dritte Stunde ist schon zu drei Vierteln vorüber)

▶ Tremls tolles Training:

1. ,Fünf vor zwölf' heißt auf Oberpfälzisch:
a) fümfi vor zwölfi
b) fümf vor zwölfi ✗
c) dreiviatl zwölfi und zea Minutn

2. ,viatl zwoa' bedeutet:
a) Viertel nach zwei
b) 45 Minuten vor zwei
c) Viertel nach eins
d) zwei Viertel Weinschorle
e) 13.15 Uhr

Lösung: 1.b)
        2.b), c) und e)

▶ Wesentlicher Wortschatz:
- dreiviatl = viertel vor
- halwa = halb
- viatl = viertel

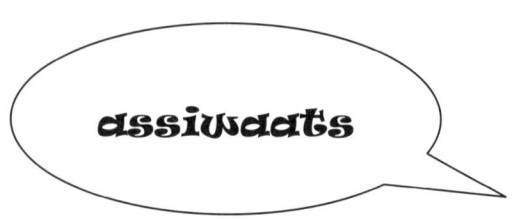

assiwaats

Zeitangaben special

Kunstkritikerin Waltraud von der Augenweide:

„Sie waren schon immer Inspirationen für besondere dichterische Leistungen: die Jahreszeiten. Will man also nicht achtlos an der großen Kultur der Mundartgedichte-Wandkalender vorbei gehen, muss man sich deren Sprachschatz aneignen. Beispielsweise ‚fean', das so viel heißt wie ‚letztes Jahr'. In einem zwar drittklassigen, aber für unseren Zusammenhang doch hilfreichen Mundartkalender habe ich ‚fean' folgendes trotz allem emotional dichtes Gedicht gefunden, das Sie mit dem unten angeführten Wortschatz sicher ohne Probleme verstehen können:"

Die Schöinste
(Ein Jahreszeiten-Gedicht)

Wenn 's dann wieder assiwaats
und da Winter langsam voabei göiht,
wenn niat nea da Fröhling,
sondern aa mei Schatz vor da Tia stöiht
und - wöi fean und vorfean scho aa - mia sagt,
dass 's iwa 'n Summer bis zum Hiascht bei mia
bleibt
dann, ja dann
is fia mi die schöinste Zeit.

▶ Tremls tolles Training:
1. Versuchen Sie das passende oberpfälzische Wort für vorvorletztes Jahr zu finden.
Antwort: „ vorfern "
2. Übersetzen Sie folgende poetischen Zeilen aus ebendem gleichen drittklassigen Wandkalender:

Da Winter is a Aaswärtiger
und wenn 's dann wieder assiwaats göiht,
göiht aa er wieder assi
assi aas meim Herzn.

Antwort:

Lösungen: 1. vorvorfean
2. (Das lassen wir lieber bleiben!...)

▶ Wesentlicher Wortschatz:
- assiwaats = rauswärts
- fean(d) = letztes Jahr
- Hiascht = Herbst
- Summer = Sommer
- Tia = Tür
- voafean = vorletztes Jahr

Von der Einkehr zur Heimkehr

Klang- und Gesangslehrer Christopherus Xangl:

„Es ist mir eine besondere Freude, dass ich am Ende dieses Sprachkurses noch einmal dies herausstellen darf: die Oberpfalz klingt! Gewissermaßen als Ausklang lege ich Ihnen die Weise ,Ei in d' Tschechei' ans Herz. Und neben allen anderen Sinnen liegt darin auch folgende Erkenntnis bereit: Wenn man wo hinfährt, dann fährt man auch wieder von dort nach Hause zurück. Ham. - Oh, so schön kann es klingen, wenn es um Ein- und Heimkehr geht."

EI IN D' TSCHECHEI

Ei, ei, ei, mia foan eini in d' Tschechei
und die Tante Annelies homma aa dabei
Ei, ei, ei, mia foan eini in d' Tschechei
d' Benzinanzeige göiht aaf Null, doch mia tankn
nachat glei

A Ripperl und a Bier,
dees hob i gern bei mia „ da'ba"
eascht recht in da Tschechei
drum bstöll iich mia dees glei

Ei, ei, ei mia foan eini in d' Tschechei
und da Tante Annelies, der halt ma die Zech frei

In Marienbad a Schnitzl
In Franznsbad Kaffee
Da Ober woa fröihers mal a Spitzl
öitzt findt er an Euro ganz o.k.

Ei, ei, ei, mia foan eini in d' Tschechei
göih öitzt, Tante Annelies, öitzt mach niat so a
Gschrei „ gsdrav"

Wennst mogst, dann foa ma nu nou Eger
zum bekannten Schornsteinfeger „ *Schoaffecha*"

Da ‚Schornsteinfeger aus Eger'
is öitzat Fliesnleger
und oawat büllich in Bärnau
aaf 'm Meier Hans seim Bau

Ham, ham, ham, öitzt pack ma alles zamm
Becherovka und aa d' Oblatten und all den ganzn
Kram
Es woa so schöi in da Tschechei
drum foa ma nächstn Samsta wieder ei.[38]

▶ Tremls tolles Training:
1. Übersetzen Sie:
a) ham - b) daham - c) da Hammer
Antwort:
2. Übersetzen Sie:
a) ei – b) Oi – c) Oa
Antwort:

---

[38] ... und weil uns die alt' Bewern wieder glangt löi ma dann d' Tante Annelies
daham

Lösungen: 1.a) heim/nach hause b) daheim/zu
            Hause c) der Hammer
            2.a) hinein, b) Ei (in manchen oberpfäl-
            zischen Regionen), c) Ei (in den anderen
            oberpfälzischen Regionen)

▶ Wesentlicher Wortschatz:
- Bewern = Schnatterliese
- bstöll = bestelle
- ei = hinein
- glangt = reicht
- ham = heim
- löima = lassen wir   *lomm' as*
- nachat = nachher
- Tschechei = Tschechien

... = bitte

a = 1. ein / eine - 2. er - 3. an (das zu einem Verb gehört, nur später im Satz auftaucht. Z. B.: iich bring 's a = ich bringe es an)

a Hetz hom = sehr großen Spaß haben

a Reim hom = (Ausdruck beim Kartenspiel)

a weng = ein wenig, ein bißchen

a wengerl = ein klein wenig, ein kleines bißchen

aa = auch

aa(r)an = auch einen

aaf = auf

aaf da Brandt = Ihrlerstein

aafhöian = aufhören

aaframma = aufräumen

aas = aus

aastscheckt = in Erfahrung gebracht

achti/achte = 8 Uhr

afang = anfange

affi/affe = hinauf, drauf

agfangt = angefangen

allawaal = immer, die ganze Zeit

am End = am Ende / zuletzt

amal = einmal

Ameisnoaschala = Ameisenärschchen

an = einen

an Datscha hom = nicht ganz richtig sein

an Doudn = einen Toten

an Goudn = Guten Appetit

an Hau/Schlooch hom = nicht ganz richtig sein

Annamirl = (kleine) Annemarie

Aoumd = Abend

as = das / es

assa = heraus

assakrama = herauskramen

assi/a(u)sse = hinaus

assiwaats = rauswärts

(si) astölln = (sich) anstellen

Aung = Augen

bachne = gebackene

bal = bald

Bangard = Kleinkind

basst = passt

beidln = beuteln, schütteln

Bewern = Schnatterliese

bissl = bißchen

bleim = bleiben

Bloaba = Blaibach

blöid = blöd

Blöidl = Blödmann

Blöih = Blüte

Böichl = Büchlein

Bou = Bub, Junge

Boum = Buben, Jungen

Breemaraad = Premenreuth

Bremerer = Bremse

Bröif = Brief

Brouda = Bruder

Brout = Brot

bstöll = bestelle

büllich = billig

d' = 1. die (Frau) - 2. dir - 3. du

da = 1. der - 2. dir

daamisch = dämlich, dumm
daat = täte
dafia = dafür
daham = daheim / zu Hause
Dama = Daumen
damiid = damit
dan = dir denn
Dappm = Hausschuhe
daschloong = erschlagen
Datscha = Delle
davo = davon
dazou = dazu
deam = dürfen
dees = das, dieses
dei = dein(e)
deppert = doof
der = dieser, der
di = 1. dich - 2. den
dirts = ihr
döi = die, diese
döiad = irr/toll, schwindelig
döin = tun
döits = tut (2. Pers. Pl. von ‚tun')
Dooch = Tag
dou = 1. da - 2. Hier, bitte!
dou = tun
Doua = Tor
douda = da, hier, dort, dorthin
Douda = Toter
dout = tut
dout 's = tut es
doust = tust
draa = drei
drass = draußen
dreiviatl = viertel vor
driiwan = drüben

Drolo = (Schimpfwort, vielleicht von Trottel entlehnt)
drum = darum
Dunnakaal = Donnerkeil

eascht = (zu)erst
ei = hinein
eich = euch
eigweckte = eingeweckte
eini/eine = hinein
einidappm = hineintapsen, hineintreten
End = Ende
enk = 1. ihr - 2. euch
Eppnaraad = Eppenreuth

faal = faul
fean(d) = letztes Jahr
fei = aber nun wirklich / also wirklich
fia = für
fiari = nach vorne
findt = findet
foa/n = fahre/n
föian = führen
Föiß = Füße
(in) folio spinna = ganz besonders stark verrückt sein
fraali/fraale = freilich, klar, sicher
Fröhling = Frühling
fröih = früh
fröihers = früher
frouch = frage
fuat = fort
fümfi/fümfe = 5 Uhr

gaaling = möglicherweise / überraschenderweise
gaangst = gingest
Gaatn = Garten
geem = geben
geh = gehen
gessn = gegessen
Gewaking = Hohengebraching
giib = gebe
git = gibt
glangt = reicht
glei = gleich
gnaambn = ein klein wenig mit dem Kopf nicken
göih = gehen
göiht 's = geht es
Göld = Geld
göll = gell (mit Ausrufezeichen = bloß, dass das klar ist! - mit Fragezeichen = stimmt 's?)
goua = gar
goud = gut
Gri(a)ß Gott = Grüß Gott
grod = gerade
gröi(ne) = grün(e)
Gröiß Gott = Grüß Gott
Gros = Gras
grouß = groß
grüllte = gegrillte
gscheit = gescheit, richtig, gut, heftig
gseeng = gesehen
Gstöih = unnützer Tand, der nur im Weg rumsteht
guad = gut
Gumoing = Guten Morgen

Gunamd/Gunoumd = Guten Abend
gween = gewesen
gwiiß = gewiß

Haa!? = Wie bitte?
halt ma = halten wir
halwa(t) = halb
ham = heim
Hamma = Hammer
Happm = Happen
Hard = Herde
Hau = Schlag
Hawadehre = Habe die Ehre
hean = hören
Hei = hi
hei(r)an = heiraten
Heiloitern = Heuleiter
heit = heute
(a) Hetz hom = sehr großen Spaß haben
hii = hin
Hiascht = Herbst
ho(b) = habe
höi = hey (engl.)
höid = hätte
Höidlbrumma = Hütchenbrummer
höima = hätten wir
Hoina = Haidenaab
hoißn/hoaßn = heißen
hom = haben
homma = haben wir
Houa = Haar(e)
houch = hoch
houst = hast du
hout = hat

huach = horch
Hunderl = kleiner Hund
Hutznbauerngirgl = Georg vom
  Hof vom Hutznbauern

i = ich
Iawl = Ärmel
iich = ich
in folio spinna = ganz besonders
  stark verrückt sein
is = ist
iwa = (her)über
iwanumma = übernommen

Ja, mei = 1. Ja, hallo - 2. Ja, so ist
  das nun mal eben.
jamman = jammern
Joua = Jahr

kaaffn = kaufen
ka = kann
Kamaraad = Großkonreuth
Kamma = Kammer
kannst = kannst du
Kappm = Kappe
Kare = Karl
Kiachn = Kirche
Kieschdaa = Königstein
Kiiwerl = kleiner Eimer
kinna = können
Kloi = Kleine(r)
kloin = (die) kleinen
kloiner = kleiner
Knöi = Knie
koi = kein
Köih = Kühe
koina = keiner / niemand

Köllastaffl = Kellertreppe
Konnasraad = Konnersreuth
Kouh = Kuh
kröich = kriege, bekomme
kumma = kommen
kummt = kommt
kummts = kommt (2. Pers. Pl.
  von ‚kommen')

laaffn = laufen
leem = leben
Leem = Leben
Leit = Leute
lieng = liegen
Löib = Liebe
löima = lassen wir
löing = lügen
lou = lasse
loua = lassen
Louh = Luhe
lous = los
lout = läßt

'm = dem
Ma = (Ehe-)Mann
ma = 1. mir - 2. man - 3. wir
mei = 1. Meine Herren / Güte /
  Fresse - 2. Ja, weißt Du
mei = mein(e)
Meiwoukummstndubeidemsau-
  weedadaher = Ja, hallo! Sag
  mal, wo kommst denn Du bei
  diesen gräßlichen klimatischen
  Bedingungen her?
meim = meinem
Menschnskiina = Menschenskin-
  der

mi = mich
mia = 1. wir - 2. mir
miid = mit
miing = mögen
mip 'm = mit dem
moang = morgen
mogst = magst
möid = müde
Moidl = Mädchen
möin = müssen
moina = mei-nen/denken/glauben
möina(ra) = mehr(ere)
Moister = Meister
Mölka = Melker
mooch = mag
Mou = Mond
mou = muß
moust = musst du
Mülch = Milch

'n = 1. den - 2. denn
naa = nein
Naamaschii = Nähmaschine
naat = näht
nachat = nachher
namd = Guten Abend
nan = ihn
narrisch = verrückt, närrisch
ne(a)mats = niemand
nea = nur
neamt = niemand
neet = nicht
neini/neine = 9 Uhr
niat = nicht
niatzumvastöih = nicht zu ver-stehen

nimma = nicht mehr
nix = nichts
nöichats = nirgends
nou = nach
noumd = Guten Abend
nu = noch
Oa = Ei
oans = eins
oawan = arbeiten
obissn = abgebissn
oi = 1. welche - 2. ein paar/einige
- 3. ein - 4. hinunter
Oi = Ei
oin = einen/einem
oin hout 's = jemanden hat es
(erwischt)
oins = eins/eines
öitz(a)(t) = jetzt
okaaffn = abkaufen
ölfi/ölfe = 11 Uhr
olt = alt

Oua = Ohr
owa = aber
owara = aber auch
owoatn = abwarten

pappm = kleben
penna = pennen, schlafen
Pfaffaraad = Pfaffenreuth
Pflasta = Pflaster
plappat = plappert

reen = reden
Rengschbuach = Regensburg
renna = rennen
riesn = riesigen

Roozbowlsoss = Rotzpopelsoße
roufn = rufen
Roum = Rüben

s' = sie
's = 1. es - 2. das
saa = sein
saa dout 's wos = (etwa:) es ist
   nicht leicht / sowas aber auch
saaffn = saufen
Samsta = Samstag
san = sind
sats = seid
Sauhund = Schweinehund
Schaa = Schere
Schaaraad = Scherreuth
schamma = schämen
Scheesn = Gefährt nahe der
   Fahruntauglichkeit
Schlappm = Schlappen
schleat = schlecht
schleinigst = schleunigst
Schliinfoan = Schlitten fahren
Schlooch = Schlag (Art, Herkunft)
schloufn = schlafen
Schmarrn = Unsinn
schnappm = schnappen
Schniwaritzla = (Phantasiewort)
scho = schon
schöi = schön
schöi waar 's = das wäre schön
schöich = häßlich
Schöl = Schule
Schraam = Schraube
Schraawerl = kleine Schraube

Schwamma = Pilz(e) (in d'
   Schwamma göih = Pilze suchen
   gehen)
Schwaammal = kleiner Pilz
sechsi/sechse = 6 Uhr
seeng = sehen
sei = sein(e)
seim = seinem
Servus = Hallo/Tschüß
si = sich
sigst = siehst (du)
sigt = sieht
siemi/sieme = 7 Uhr
sodala = so / nun also / also nun
sogoa = sogar
söiß = süß
solltats = solltet
sooch = sage
soong = sagen
souchn = suchen
sovül = soviel
spinnts = spinnt (2. Pers. Pl. von
   ‚spinnen')
springa = springen
Spül = Spiel
spüln = spielen
steam = sterben
steich = steig
Stick(er)l = kleines Stück
Stiiwerl = Stübchen (, das als
   Speisekammer genutzt wird)
Stodldouadirl = Scheunentortürchen
stöih = stehen
stöiht = steht
stölln = stellen
sua = so

Summer = Sommer
supa = super
Suppm = Suppe

Techter = Töchter
Tia = Tür
Tiasch(n)araad = Tirschenreuth
Tiaschnareith = Tirschenreuth
tramma = träumen
Tröidla = Trödler
Tschechei = Tschechien
Tschitscherlboch = Windisch-
   eschenbach

ummastöih = herumstehen

va = von
vadraahn = verdrehen
vadruckn = verdrücken
vafolng = verfolgen
vaheirat = verheiratet
vaköltn = erkälten
vaoaschn = veräppeln
vapennt = verpennt
varennt = verrannt
vastandn = verstanden
Vatter = Vater
vazöhln = erzählen (aber auch:
   verzählen)
viatl = viertel
vieri/viere = 4 Uhr
vo = von
voabei = vorbei
voafean(d) = vorletztes Jahr
vöia = vier
vöiari/vöiare = 4 Uhr
Vuagl = Vogel

Vuaglscheichattrappm = Attrap-
   pe einer Vogelscheuche
vül = viel
vullwaafln = vollquatschen

waal = weil
waar = wäre
weats = werdet
wecha = wegen
Weeda = Wetter
Wei = Weib, (Ehe-)Frau
weida = weiter
Wein = Weiden
Wend = Wand, Wände
(a) weng = (ein) wenig, (ein)
   bisschen
(a) wengerl = (ein) klein wenig,
   (ein) kleines bisschen
wennst = wenn du
Wies = Wiese
woa = war
woan = geworden
woast = warst
Woch = Woche
wöi = wie
wöi ghabt = wie gehabt
wöidarawöll = wie es will
wöih = weh
Wöihding/Wöihdung = Schmerz
woina = weinen
woiß = weiß
wollt = wollte
wos = was, etwas
Wos wüllst? = Was ist dein
   Wunsch? / Was willst du?
wou = wo
Woundra = Wondreb

wül = will
wülde = wilde

z' = zu
z' lous = zu wild
zamm = zusammen
zammaklappm = zusammenbrechen
zamm(a)stauchn = jdn. soo klein machen
zea = zehn
zeani/zeane = 10 Uhr
Zech = Zeche
zeeni/zeene = 10 Uhr
zeich = zeige
Zeich = Zeug
zeascht = zuerst
Zöia = Zehe
zou = zu
zoua = herzu/herbei
Zuch = Zug
zwirrt = verwirrt
zwoa = zwei
zwölfi/zwölfe = 12 Uhr

vgl. auch:

Wörterböijchl

Oberpfälzisch- Deutsch
Deutsch - Oberpfälzisch

Stangl & Taubald

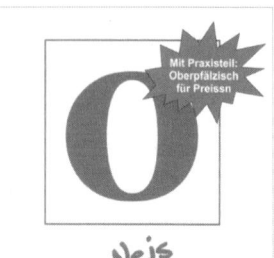

Mit Praxisteil:
Oberpfälzisch
für Preissn

Wörterböijchl _Neis_

Oberpfälzisch- Deutsch
Deutsch - Oberpfälzisch

Stangl & Taubald

Inhalt

Besten Dank für die Unterstützung:
Johannes Treml - Markus Treml - Burgl Wittmann - Angi Lüer - Dirk Lüer - Edith Rieger - Käthi Höning - Frank Müller - Mia Schmid - Marga und Günther Scheibl - Lex Biebl - Andi Ziegler - Hans Köferl - Hans Wax - Franz Schuier - Rudi Kraus - Hans Schröck - Elke Kistner - Jürgen Tripp - Werner Roleff - Stefan Huber - Erika und Alfred Alkofer - Christine Becher - allen, die es verdient hätten, hier genannt zu werden

Kritik, Lob, Anregungen gerne an: hubert.treml@t-online.de

Alle hier angeführten Lieder (und den Bonustitel "Elisabeth") finden sich auf der CD „Kouh"

erhältlich bei der Buchhandlung Stangl & Taubald oder bei
www.hubert-treml.de

Zoigl, die urige Bierspezialität aus der Oberpfalz ist wieder in aller Munde. Was macht den Reiz dieser nach Jahrhunderte alten Rezepten gebrauten Biere aus? Antworten von A-Z gibt „Das Buch vom Zoigl."

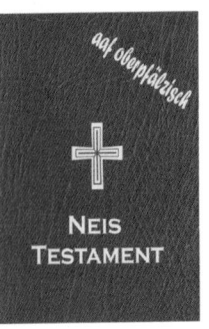